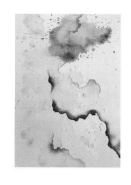

私の記録、家族の記憶

ケアリーヴァーと社会的養護のこれから

阿久津美紀 著

大空社出版

本扉画

佐藤仁美
「はじまり　いま　わたしから」

まえがき
社会的養護の記録との出会い

　この本は、家庭での養育が難しく、社会における福祉制度の中で養育された子どもに関する記録をテーマにしています。現在、児童虐待など様々な家庭の理由により、実親を中心に構成された家庭ではなく、児童福祉施設やファミリーホーム、里親家庭、特別養子縁組などで養育される子どもが多くいます。一般的に日本では、こうした児童福祉制度について、「社会的養護」「社会的養育」「代替的養育」など様々な用語で説明されますが（本書では、社会的養護という用語を使用していく）、この本は、こうした子どものケアを中心に書いているわけではありません。あくまでも、そこで生活した子どもたちに関する「記録」を中心に扱った本です。

　本の内容に入る前に、少し著者である私の学問的背景をお話しておきたいと思います。私は、アーカイブズ学という日本ではあまり聞きなれない学問分野の研究をしています。アーカイブズ学は、日本語で説明すると、記録管理学や資料保存学とでもいいましょうか、紙や電子記録など媒体に関わらず、管理や保存、利用について研究をする学問です。2012 年、大学院でアーカイブズ学を学んでいた私は、当時の指導教官である安藤正人教授から、児童養護施設の記録の管理や保存についての話を聞きました。その児童養護施設が神奈川県中郡大磯町にある児童養護施設エリザベス・サンダース・ホームです。

　エリザベス・サンダース・ホームは、三菱財閥の 3 代目岩崎久彌の長女であった澤田美喜が、第二次世界大戦後、連合国軍の兵士と日本人女性との間に生まれた子どもを養育するために設立し、現在では、様々な

家庭の事情により、家庭で養育することが難しい子どもたちを養育しています。研究を通じて、エリザベス・サンダース・ホームの資料を整理していくにつれて、岩崎家の資料、澤田美喜の夫であった澤田廉三の外交官時代の資料など様々な資料に出会いました。その中でも、特に現在の研究に影響を及ぼしたと言えるのは、エリザベス・サンダース・ホームから国際養子縁組を行い、海外に渡った方たちの資料です。彼らの多くは、子どもの頃に海外に渡り、自らのルーツや子どもの頃に生活をしていたエリザベス・サンダース・ホームについての情報を得たいと望んでいました。そのため、資料を整理する一方で、卒業生の日本でのルーツ探しやエリザベス・サンダース・ホームにいた時の生活について知ることのできる資料探しのお手伝いをしてきました。小さい時に児童養護施設で生活した子どもたちの中には、なぜ施設で養育されなくてはいけなかったのか、その理由を探している人もいました。

　こうした資料についての話を他の児童福祉施設の職員の方や研究者の方、実際に児童福祉施設で養育された経験がある方などと共有していくと、資料の残り方は、児童福祉施設ごとに異なっていることがわかりました。資料が施設に保存、管理されていれば、開示する情報を検討し、当事者に提供することができますが、資料自体が残っていなければ、提供する事を検討することすらできないという現状があることを知りました。公立や民間の児童福祉施設に限らず、日本の組織では、長い間、組織の記録はその組織の業務のためだけに使用できれば良いという意識が強くありました。そのため、その記録を当事者に開示することに戸惑い、尻込みする傾向にありました。また、記録を保管しているにもかかわらず、記録は存在しないと伝えるケースもありました。こうしたいくつかの事例は、いずれも組織の記録は組織の業務のためだけに使うものという考えに内在する課題を浮き彫りにしていると言えます。

　この本は、社会的養護という家族と離れた場所で生活を送る子どもに関する記録が置かれている現状や課題を明らかにし、その一端を知っていただくことを目的としています。社会的養護に関わる記録は、入所した

子どもやその家族の生育歴、病歴を含む個人情報があるため、扱いにくいと考えられています。また、当事者も記録を残しておいてほしくないだろうと考える職員の過分な配慮により、廃棄されてしまう例もあります。記録を見る、見ないという選択の判断を子どもに委ねるために、決められた規程の中で正確に記録を管理していくことが求められています。そして、その制度の中に、記録を利用する当事者の意見や参加も取り入れていく必要があるでしょう。日本だけでなく、様々な国の社会的養護で養育された子どもに関する記録の現状と課題を皆さんに知っていただくことで、子どもの最善の利益とは何か、ということをもう一度立ち止まって考えていただければと思います。そういった意味では、冒頭、この本は、"あくまでも（児童福祉制度、あるいは社会的養護の下で）生活した子どもたちの「記録」を中心に扱った"と書きましたが、結果的に「記録」のあり方から子どもの養育そのものに思いを巡らせる契機になれば幸いです。

2021 年 7 月

阿 久 津 美 紀

目　次

viii

図表一覧

凡　例

1　引用文中（図表内を含む）の〔　〕は引用者による補足である。
2　注の引用・参照文献は簡略表記にした。詳細は「参考文献」を
　見られたい。

序　章

社会的養護に関する記録をとりまく課題

　この本は、保護者のいない児童、被虐待児など家庭環境上、養護を必要とする児童を公的な責任で養育する、「社会的養護」に関する記録や記録管理システムについて取り上げている。同時に、この社会的養護で養育された経験をもつケアリーヴァー（care leaver）と呼ばれる当事者たちが記録を探し、その記録へアクセスするために乗り越えるべき課題及びその支援の方法についても言及していく。

1　世界と日本の研究動向と状況

イギリス

　ケアリーヴァーの記録へのアクセスを取り上げた研究は、イギリスやオーストラリアなどのいくつかの国々では、既にアーカイブズ学だけでなく社会福祉学、社会学等の様々な分野を巻き込んだ議論が展開されている[1]。イギリスでは、1980 年代後半からケアリーヴァーの記録へのアクセスが顕著になり、1990 年代後半になると、ジル・ピュー G. Pugh らが、記録へのアクセスを行った児童養護施設出身者に対する調査を行った[2]。2000 年代に入ると、ジム・ゴダード J. Goddard やジュリア・フィースト J. Feast らは、ケアリーヴァーからの記録へのアクセスを各自治体や組織がどのように対応していたのか、電話調査の結果から分析を行っている[3]。さらに、2010 年以降には、ディレック・カートン D. Kirton らがケアリーヴァーによる記録へのアクセスを、社会福祉学の立場から第三者情報を含むデータ保護法の課題について論じ[4]、さらにゴダードとザッカリー・ダンカルフ Z. Duncalf は、「子どものケア記録へのアクセス：イギリスとオーストラリアのポリシーと実践の比較分析」において、イギリスと同様にケアリーヴァーの記録へのアクセスが注目されるオーストラリアの状況との比較

研究を行った[5]。

オーストラリア

　オーストラリアでは、先住民の隔離政策やイギリスからの児童移民などの国の政策により、多くの子どもが社会的養護の施設で生活することを余儀なくされた背景がある。そのため、ケアリーヴァーにとっての記録の重要性は、国が主導した調査報告書の中で 1990 年代後半から指摘されているが[6]、それらがよりアーカイブズ学の分野で議論されるようになっ

1　　例えば、イギリスでは、社会学の研究者であるジム・ゴダードらが、2004 年と 2005 年に段階的に量的調査（アンケート）と質的調査（インタビュー）を組み合わせた調査を行った。また、オーストラリアでは、社会福祉の研究者であるスエレン・マレー等が、ケアリーヴァーを対象に個人記録へのアクセスについて質的研究を行った。Goddard, Jim., et al. (2007). *Memories, childhood and professional power: Accessing the care files of former children in care.*;　Murray, Suellen., & Humphreys, Cathy. (2014). *My life's been a total disaster but I feel privileged': Care-leavers' access to personal records and their implications for social work.*

2　　1990 年代に入ると、慈善団体のバーナードス Barnardo's で施設の退所後のアフターケア支援をしていた職員のジル・ピューは、施設で生活していたケアリーヴァー 12 人に対して、質的調査を実施した。1855 年から 1970 年に実施されたバーナードス調査では、記録にアクセスしようとした理由やその過程、また、情報を得た時の衝撃などについてインタビュー調査が行われた。Pugh, Gill. (1999). *Unlocking the past: The impact of access to Barnardo's Childcare Records.*

3　　Goddard, Jim., et al. (2008). *A Childhood on paper: Managing access to child-care file by post-care adults.*

4　　Kirton Derek., et al. (2011). *The Use of deiscreation in 'Cinderella' service: Data protection and access to child-care file for post-care adults.*

5　　Goddard, Jim., et al. (2013). *Access to Child Care Records: A Comparative Analysis of UK and Australian Policy and Practice.*

6　　1997 年に作成された社会的養護で養育された先住民に関する調査報告書 Australian Human Rights Commission. (1997). *Bringing Them Home: Report of the National Inquiry into the Separation of Aboriginal and Torres Strait Islander Children from their Families (Bringing Them Home report)*、2001 年に作成された児童移民に関する報告書 Parliament of Australia. (2001). *Lost Innocents: Righting the Record-report on Child Migration (Lost Innocents report)*、2004 年に刊行された社会的養護で養育された「忘れられたオーストラリア人」と称される人々に関する調査報告書 Senate Community

たのは、2009 年から 4 年に渡って実施された「フー・アム・アイ？（Who Am I?）プロジェクト」が契機とされる[7]。プロジェクトでは、社会的養護を経験した人々のアイデンティティの構築にアーカイビングや記録管理の実践が果たした役割について調査が行われた[8]。2012 年には、オーストラリアのアーキビスト協会 Australian Society of Archivist の会誌『アーカイブズ＆マニュスクリプト』*Archives and Manuscripts* において、社会的養護における記録へのアクセスについての特集が組まれ、アーカイブズ学や社会福祉学、歴史学等の多角的なアプローチでケアリーヴァーと記録管理についての議論がなされている[9]。その中のシュリー・スウェイン S. Swain やネル・マスグローブ N. Musgrove による「私たちは、私たち自身が語るものである：子どもとして社会的養護を経験したオーストラリアにおける児童福祉記録とアイデンティティの構築」の論考では、オーストラリアでケアリーヴァーの記録へのアクセスが増加した背景やケアリーヴァーが語る記録の役割について分析され、歴史家やケアリーヴァーの団体と協働するアーキビストの重要性が言及された[10]。2015 年には、キム・エバーハード K. Eberhard が、「未解決の問題：1997 年から 2012 年までの社会的養護における子どもの福祉に関するオーストラリア委員会の調査から生じた記録管理の提言」の論考の中で、2012 年までにオーストラリア国内で行われた社会的養護に関する 80 の調査報告書から、8 つの調査報告書に対象を絞り、報告書の中の記録に関する提言について分析をおこなった[11]。ギャバン・マッカーシー G. McCarthy らは、「記録は、従来の家族の記憶保管（memory-keeping）構造から離れて成長した人々にとって、アイデンティティ形成の上で重要な役割を果たす」ことに言及し[12]、ケアリーヴァーのように家族と離れて生活を送る人々にとっての記録管理の重要性を示している。そして、彼らが記録にアクセスするための必須要素として、記録を探すための検索手段やアーカイブズのガイドを見つけ、理解することと、アーカイブズを調査するための法的権限の 2 つを重要な点として挙げている[13]。

日本

ここまで述べたように、海外におけるケアリーヴァーの記録へのアクセスは、学際的に研究が進められているが、日本ではこれまで、社会的養護における記録といえば、社会福祉の歴史的な記録の保存という点にしか目が向けられてこなかった[14]。障害児施設では、1973 年に発足した「精神薄弱者施設史研究会」により、社会福祉法人滝乃川学園が所蔵する記録について本格的に調査が開始された[15]。滝乃川学園は、1891 年に創設

Affairs References Committee Secretariat. (2004). *Forgotten Australians: A Report on Australians who Experienced Institution or Out-of-Home Care as Children (Forgotten Australians Report)* では、いずれもケアリーヴァーにとっての記録の重要性が指摘されている。

7   Centre for Excellence in Child and Family Welfare Inc. (2012). *Who Am I? Making records meaningfull: Resources to guide records-keeping practices which support Identity for children in out-of-home care.*

8   Kertesz, Margaret., et al. (2012). Reformulating current recordkeeping practices in out-of-home care: Recognising the centrality of the archives.

9   Australian Society of Archivist. (2012). *Archives and Manuscripts*, 40(1). この号では、アーカイブズ学の研究者だけでなく、歴史学や社会福祉学の研究者、実践者の観点から、記録へのケアリーヴァーのアクセスについて論じている。

10 Swain, Shurlee., & Musgrove, Nell. (2012). We are the stories we tell about ourselves: Child welfare records and the construction of identity among Australians who, as children, experienced out-of-home 'care'.

11 Eberhard, Kim. (2015). Unresolved issues: Rrecordkeeping recommendations arising from Australian commissions of inquiry into the welfare of children in out-of-home care, 1997–2012: 6.

12 McCarthy, Gavan J., et al. (2012). Archives, identity and survivors of out-of-home care: 2.

13 同前：1–2.

14 例えば、2010 年 4 月に開設された淑徳大学のアーカイブズは、大学資料の他、社会福祉関係史料（主に関東地域の民間社会福祉法人・施設の資料）の収集、保管を行っている。しかしながら、その中心は歴史ある民間社会福祉法人・施設であり、施設で生活する子どもやケアリーヴァーに関する記録や記録管理については、触れられていない──淑徳大学アーカイブズ『淑徳大学アーカイブズ・ニュース』第 1 号（2010.5.10）、第 15 号（2017.6.30）。

15 米川覚・中村修（2015）「滝野川学園」：53。

された日本で最初の知的障害者施設であり精神薄弱児研究会は歴史研究という関心から当該施設の記録を調査、整理し、保存のための処置を行った[16]。その後、1988 年に滝乃川学園百年史編集委員会の第 1 回委員会が開催され、編集作業などの活動を行う中で、資料整理の必要性が認識されるようになったが、それは年史編纂のための資料利用という関心によるものであった[17]。

　児童養護施設では、1992 年から 1997 年にかけ、同志社大学人文科学研究所の共同研究班である「石井十次の研究」班が、児童養護施設を運営している社会福祉法人友愛社石井十次資料館の調査に着手した[18]。調査に参加している細井勇は、「史料整理の出発点として、実証的な石井十次、岡山孤児院史研究のために石井十次資料館にどれだけの史料がどのように所蔵されているか」を明らかにする課題があったと述べている[19]。また、この頃既に、石井十次（1865–1914）が 15 歳の時から 48 歳で急逝する前年まで書いた日誌が、『石井十次日誌』として刊行されたことも、資料整理を開始した一つのきかっけであったとも語っている[20]。しかし、ここでも資料の利用者として想定されているのは、1887 年に岡山孤児院を創設した石井十次の功績を歴史的に検討しようとする研究者であった。

　さらに 2000 年代に入ると、社会福祉の歴史研究を専門とする学術研究団体である社会事業史学会は、「史・資料の保存と利用問題：社会福祉史研究における現状と課題」を共通論題として開催した[21]。こうした社会福祉史研究者により歴史研究からの資料整理が展開される中で、教育史の研究者の中には、社会的養護の記録が現在の施設運営にもたらす重要性について論じる者も出てきた。1999 年から児童自立支援施設国立武蔵野学院の資料整理を行ってきた二井仁美は、「児童自立支援施設関係文書は、他でもない児童自立支援施設に関わる人々が、現在の施設の状態やそれにかかわる施策の現状を把握し、今後のあり方を考えるための基礎データとして不可欠である」ことを指摘している[22]。

2　ケアリーヴァーにとっての社会的養護における記録

　本書で取り上げるようなケアリーヴァーや社会的養護で養育される子どもの記録を対象とした、記録へのアクセスやケアリーヴァー支援は、これまで社会福祉分野においてもわずかな研究者によって、社会的養護における子ども記録の保存が提案されるだけで[23]、アーカイブズ学の学術的な知見に基づいた検証は行われてこなかった。

　日本では、現在約4万5千人[24]の子どもが社会的養護で生活をし、その約8割が児童養護施設などをはじめとする児童福祉施設で生活をおくっ

16　同前：51。

17　同前：53。

18　この資料調査については、社会福祉法人石井記念友愛社が刊行している『石井十次資料館研究紀要』の創刊号（2000）から13号（2012）に掲載されている細井勇が記した「石井十次資料館資料調査の経過報告」を追うことで、社会福祉施設における資料保存活動の組織形態および資料保存活動の過程が明らかになった。

19　細井勇（2000）「石井十次資料館資料調査の経過報告」。

20　『石井十次日誌』は、1881年から1910年に石井十次が書いた日誌を1973年から1982年にかけて石井記念友愛社が翻刻し、刊行した書である。石井十次資料館資料調査における資料の整理について、菊池義昭は、「研究者と施設関係者が共同で、継続的に研究するシステムを確立させた点で重要」であると述べている——菊池（2005）「地域社会福祉研究、岡山孤児院研究における史料の役割：体験的資料論として」：17。

21　社会事業史学会・史資料問題特別委員会報告（2005）「社会福祉史研究における「史資料問題」の現状と課題」、前掲注20、菊池義昭（2005）：2。

22　二井仁美（2001）「（特別寄稿：児童自立支援事業100周年を記念して）児童自立支援施設が所蔵する記録史料の保存」：103。

23　社会福祉学の研究者である才村眞理や徳永祥子は、ライフストーリーワークを実施するにあたり、「知る権利」を保障するには社会的養護という公的サービスの一環であるという意識に立った記録の作成や記録保管制度を確立していくことの重要性について言及している——才村眞理・大阪ライフストーリー研究会編著（2016）『今から学ぼう！　ライフストーリーワーク：施設や里親宅で暮らす子どもたちと行う実践マニュアル』：17。

24　厚生労働省「社会的養護の現状（平成29年3月）」。

ている。臨床心理士の楢原真也は、

> 家庭や社会的養護の間で措置変更を経験しながら、生活を送ってき
> た施設の子どもの中には、度重なる分離・喪失体験、頻繁な養育者
> の交代、不適切な養育による過去の記憶の断片化、入所前や入所後
> の不十分な説明と同意の作業、一般家庭に比して貧しい施設の環境
> といった諸事情も重なり、なぜ施設で暮らすのか十分な理解を持た
> ない者や自分が悪いから措置されたと考える者、家族や出自につい
> ての情報を知らずに思い悩んでいる者も多い [25]

と指摘する。そのため、施設を出てからも「自分が何者であるか」と疑
問を持ち続けるケアリーヴァーにとって、自分の知らない過去や記憶を
埋めてくれる社会的養護の記録へのアクセスは、重要な意義を持つもの
と言える。

3　本書で提示する課題

　日本の記録管理については、2011・平成 23 年 4 月 1 日に公文書等の管
理に関する法律（平成 21 年 7 月 1 日法律第 66 号、以下公文書管理法とする）が
施行されている。本法は、日本の行政機関における公文書の管理方法を
定め、公文書を「健全な民主主義の根幹を支える国民共有の知的資源」
として、「主権者である国民が主体的に利用し得るものである」としてい
るものの、多くの社会的養護の子どもたちが養育されている児童養護施
設は大部分が民間の施設であるため、この法律が適用されない。また、
国や市町村においても、個人情報を含む社会的養護に関する記録の扱い
の難しさから、公文書の公文書館や文書館への移管を行わずに施設内で
廃棄してしまうという課題もある。
　この本では、こうした国内外の社会的養護に関する記録管理の課題を

明らかにするとともに、将来に向けてどのような組織の記録管理システム、記録のアクセスの指針があれば、ケアリーヴァーに安定したアクセスを保障できるのか、検証していく。

　特に、本書では3つの視座から社会的養護に関する記録を見ていく。

記録管理システム

　第一に、社会的養護における記録と記録管理システムの役割である。社会的養護における記録の利用は、過去には組織における職員の業務利用に留まっていた。しかし、1990年代以降、虐待の告発の証拠として社会的養護に関する記録を利用するようになり、次第に一部の国と地域では、記録される対象であった施設で生活する子どもやケアリーヴァーが積極的に記録の作成、管理、利用に関与するという変化が起きた。

　近年のそのような積極的な記録の利用の一つとして、ライフストーリーワークの社会的養護への導入が挙げられる。楢原は、ライフストーリーワークを一概に定義することは難しいとしながらも、広義の意味として、「子どもの生にまつわる重要な事実を分かち合い肯定的な自己物語を形成することを支援する[26]」ことと定義している。ライフストーリーワークの歴史を紐解くと、それは元々、家庭を離れて暮らす子どもの措置にかかわるソーシャルワークの伝統的な実践から生まれたものであった[27]。日本でも国の施策として、2012年に社会的養護関係の施設の運営指針及び里

25　楢原真也（2010）「児童養護施設におけるライフストーリーワーク：子どもの歴史を繋ぎ、自己物語を紡いでいくための援助技法」：1。

26　山本智佳央・楢原真也等（2015）「ライフストーリーワークとは」山本智佳央・楢原真也等編著『ライフストーリーワーク入門：社会的養護への導入・展開がわかる実践ガイド』：20。

27　同前：17。1950年代、欧米では、ソーシャルワーカーが子どもの成長記録を記したライフブックという冊子を手渡す試みが行われ、1970年代に入ると、ライフブックが子どもたちの混乱を解消し、子ども自身が自分を語る手段として活用されるようになり、次第にライフストーリーブックと呼ばれるようになった。

親・ファミリーホーム養育指針が策定され、子どもの発達に応じて出自や生い立ち、家族の状況について適切に知らせていくこということが示された[28]。その中では、ライフストーリーワークなどを通じて、子どもの歴史や子どもの思いを記録にまとめることが、子どもが自身を大切にし、誇りを持って成長するために有効である[29]と言及されている。

　社会的養護の子どもたちが措置変更で施設や里親家庭、自宅を転々する状況は、家庭的養護[30]が進んでもすぐに好転していくとは限らない。ケアリーヴァーの中には、一般的な家庭で育つ子どもと比較し、成長しても自身の成育歴を良く知らないと感じている者も多い。生後すぐに乳児院に入院し、その後児童養護施設で18歳まで養育された、ケアリーヴァーの一人は、自分が施設で生活していた時に、「他の子とは違う」、「自分は誰?」、「なんで施設に入らないといけなかったのか?」[31]という思いを感じていたと記している。そして自らのルーツを巡る旅を振り返り、自分のルーツを知ること、自分の過去と向き合うことはすごく大切[32]だと述べている。

　こうしたケアリーヴァーの疑問や思いに応えていく、ライフストーリーワークの実施には、社会的養護で作成、保管されている記録や情報が不可欠である。10年以上児童自立支援施設の職員を勤め、記録や写真などを利用したライフストーリーワークを自らも実践、研究している徳永祥子は、「社会的養護の記録は当事者が利用できてこそ価値がある」と言及する。一方で、日本の社会的養護の現状では、自分の「記録」があることを知っている人はそれほど多くなく、その記録を何らかの手段を用いて目にすることができることを知る人はさらに少ない[33]と、ケアリーヴァーが置かれている状況を説明する。徳永が述べたような社会的養護を取り巻く環境の中で社会的養護の記録と記録管理システムの役割と課題について、本書を通して論じていきたい。

個人情報の開示・公開
　第二に、本書では児童福祉施設の記録に含まれる個人情報についての

開示と公開についても着目していきたい。社会的養護の中で最も数が多い児童養護施設では、一般的には子どもは2歳から18歳まで[34]生活を送ることができ、児童養護施設から小学校などの学校にも通う。そのため、児童養護施設は施設でありながら、社会的養護で過ごす子どもたちにとっては、一時的かもしれないが家のような役割を果たす。そして、施設で作成される記録には彼らの生活を中心に数多くの事が記録される。彼らの個人記録には、入所した子どもの家族構成、入所理由、個人の病歴、学業成績など多くの事が含まれるが、従来施設においては、ケアリーヴァーたちが自身の入所理由を尋ねたとしても教えてもらえないことが多かった。そのためケアリーヴァーの中には、施設から親のことについて教えてもらえず、「何で自分は知らないのに（施設職員とか）ほかの人は知っているんだろう[35]」という思いをもつ者もいた。本書では、なぜこうした社会的養護の自己情報の開示、そして記録の保存年限を超えたときの記録の利用が進展しないのか、という課題について、当事者であるケアリーヴァーの記録に対する意識と施設としての記録の作成や保管、利

28　同前：13。

29　同前。

30　「家庭的養護」と「家庭養護」については、厚生労働省もそれらの用語について、これまで定義してこなかったが、2009年の国連総会で決議された「児童の代替的養護に関する指針」を受けて用語の整理をおこなった。それによれば、「家庭養護」は、児童養護施設などの「施設養護」に対する言葉として、里親やファミリーホームを指す。「家庭的養護」は、「施設養護」において、家庭的な養育環境を目指す小規模化の取り組みのことである――厚生労働省「「家庭的養護」と「家庭養護」の用語の整理について」。

31　中村みどり（2010）「いまだかつてない「わたし」の語り」：60。

32　同前。

33　徳永祥子（2016）「社会的養護の記録は当事者が利用できてこそ価値がある」：26–27。

34　厚生労働省はこれまで児童養護施設の対象年齢を原則18歳までとしていたが、平成29年度より22歳までに引き上げた。

35　長瀬正子・大八木真帆（2017）「社会的養護当事者の語り　23」：86。

用といった管理に関する考えから分析してきたい。

　また、個人情報の中では第三者情報についても検証していきたい。ケアリーヴァーが自分の出自に関わる情報を知りたい時、その情報には彼らの親や兄弟、姉妹などの家族の情報も当然含まれる。彼らにとっては、自分の過去を知るために必要な情報である一方で、それらは自分とは異なる第三者の情報であるため、簡単にケアリーヴァーに開示されることはない。こうした現状における課題と海外などの先行研究から考えられるその解決策について考察したい。そして、児童福祉施設を含む社会的養護の記録に関しても、その記録の保存年限を超えたときに歴史資料としての一般的な公開を行う上での課題についても本書で言及したい。

記録管理の専門職の役割

　そして第三に、日本がこれから迎える社会的養護の転換期[36]において、記録管理に携わる専門職が果たすべき役割とは何かという問いは、本研究の結論にもつながる大きな課題の一つである。諸外国の社会的養護に関する記録管理を概観してみると、オーストラリアでは、大規模な性的虐待調査への組織対応についての調査が実施され、その中では記録と記録管理に関わる課題は議論の中心にあり、アーキビスト協会、児童福祉施設、アーカイブズ施設、その他の関係する専門職団体において様々な論議を巻き起こしている。こうした状況は、オーストラリアだけでなく、イギリスのスコットランドやノルウェーなどでもみられる。

　本研究で着目した欧米やオーストラリアなどの国々は一般的に日本より、記録管理システムが社会や組織の中に浸透した国といわれる。しかし、本書でも言及しているように、それらの国々も社会的養護の施設や組織の中においては、虐待調査に際して、証拠となる記録を廃棄、紛失させるなどの行為が容易に行われており、杜撰な記録管理が問題となっている。近年では、こうした記録管理システムを改善させるために、レコードマネジャーやアーキビストの記録や情報に関わる専門職がケアリーヴァーや施設と連携し、解決策を模索している。

　社会的養護の記録は、大部分が行政や児童福祉施設等の組織で作成されるが、それらの記録は、そこで生活する 0 歳から 18 歳（原則）までの子ども達の生き方を反映した、言わば彼らの人生や家族の記録である。そのような記録が、記録管理システムが進んでいると言われる欧米やオーストラリアにおいても、正確に記録が作成されていない、保管や廃棄も規則に則り、行われていなかったという状況は、重大な欠落である。そのため、こうした各国の現状把握と課題への対抗策は、形骸化しつつある日本の社会的養護の記録管理システムを再考する上で、新たな知見を与えてくれるはずである。そして、欧米やオーストラリアの社会的養護に関するアーカイブズの理論や実践から学び、日本の社会的養護の記録管理システムを発展させるために導入できること、また、日本の制度や慣習に沿わないものについても検証していくことが不可欠である。何を日本の社会的養護の記録管理に適応できるのかを追究し、ケアリーヴァーが安定した記録へのアクセスを獲得できる環境に近づけていくために、日本にはどのような制度や現場の環境の整備が必要かを考慮し、検討していく必要があるだろう。

　社会的養護に関する記録を扱った調査や議論は、現在も進行しており、今後も進展していくと考えられるが、本書では現在までにおける社会的

36　近年、日本は社会的養護を必要とする子どもたちの施設養育への偏重が指摘されており、日本政府は状況を改善するべく、「施設の小規模化と家庭的養護の推進」として、2015・平成 27 年から 2029・平成 41 年までの 15 年間に施設の本体施設、グループホーム、里親等の割合を 3 分の 1 ずつにしていく、目標を掲げている——厚生労働省雇用均等・児童家庭局長（2012）「雇児発 1130 第 3 号 児童養護施設等の小規模化及び家庭的養護の推進について」。これは、日本が、2010 年の国連の児童の権利委員会の「条約第 44 条に基づき締約国から提出された報告の審査」の中において、勧告を受けたことに起因するものである。特に、審査の中では、親の養護のない児童に対して、家族基盤型の代替的児童養護についての政策の不足を指摘しており、里親が小規模なグループ施設のような家族型環境において児童を養護することなどを勧告している——外務省（2010）「条約第 44 条に基づき締約国から提出された報告の審査」：10。

養護の記録や記録管理についての調査を整理し、日本の記録管理に関する専門職の役割について検討し、一定の提案をすることとする。

4　社会的養護の記録とは

　本書が対象とする社会的養護の記録の範囲を明らかにしておきたい。現在、社会的養護の子どもたちの約8割が児童養護施設を含む児童福祉施設において、養育されている。それゆえ、本書が対象とする記録の大部分は、児童福祉施設に存在すると考えられる。社会的養護の大部分は、民間の社会福祉法人で運営されており、組織を越えた全体的な議論が進まず、統一的なルールがないために、記録の作成や保管はバラバラな方法で管理されている。いずれの組織も組織内の規程という形で、作成する記録を管理しており、その作成や管理方法も施設ごとに大きく異なることが想定される。そのため、明確な線引きをすることは困難と思われるが、本研究の対象は、子どもの生活記録が含まれるケースファイルと呼ばれる書類や寮ごとの日誌、面会記録を含む、社会的養護の子どもの生活や活動に即して作成される記録を想定している。

　イギリスとオーストラリアの子どものケア記録へのアクセスに関する論考を記したジム・ゴダードらは、「一般に、チルドレンズホームや里親の家のような社会的養護で時間を過ごした子どもは、彼らのケアに関するデータが記録され、ケースファイルが保管されているが、そのファイルの長さやフォーマットは一様ではない[37]」と指摘している。それらのファイルには、ソーシャルワーカーからのレポート、家族背景や関係についての情報、学校のレポート、ケース観察からの議事録、専門家や機関やほかの家族のメンバー間の書簡、ソーシャルワーカーの訪問記録やケアの評価、教育的、または精神的な評価、子どもの保護の一連の出来事に関するデータを含んでおり、その組み合わせは、それぞれのケースの性質によって大きく異なることが指摘されている[38]。

　また、社会的養護で養育される子どもたちの多くは、家庭から児童相談所を通じて、児童養護施設や児童自立支援施設、児童心理治療施設などに措置されるため[39]、彼らに関する記録は自治体の児童相談所にも保管される。日本の児童相談所の場合、相談や対応した子どもに関する記録は、「児童記録票綴」として、子どもごとに一括してファイル収録されることが、児童相談所の運営指針によって定められている[40]。そのため、自治体が保管する記録としては、児童記録票綴に含まれる児童記録票を中心に、本書の中では議論していきたい。

5　用語の定義について

　本書で使用する用語について整理しておきたい。

　社会的養護　　厚生労働省は、社会的養護の定義を、「保護者のない児童や保護者に監護させることが適当でない児童を、公的責任で社会的に

37　前掲注 5、Goddard, Jim., et al. (2013): 1.

38　同前。

39　厚生労働省が公表した資料によれば、社会的養護における虐待児童の割合は、児童養護施設では、53.4％で、児童自立支援施設や情緒障害児短期治療施設では、その割合がさらに高くなり、入所児童の約 7 割が虐待を受けた経験がある――厚生労働省「社会的養護の現状について　平成 26 年 3 月」: 4.

40　「児童相談所運営指針」第 8 章第 3 節。児童相談所が相談援助活動を行うに当たって、保護者、関係機関等に交付する書類には、①誓約書、②措置決定通知書（保護者用、関係機関用）、③措置解除、停止、変更、延長決定通知書（保護者用、関係機関用）、④一時保護決定通知書（保護者用）、同解除通知書（保護者用）、⑤委託一時保護決定通知書（保護者用、関係機関用）、同解除通知書（保護者用）、⑥関係機関に対する協力依頼書、⑦家庭裁判所への送致書（法第 27 条第 1 項第 4 号、第 27 条の 3）、⑧家庭裁判所、警察等通告児童の援助結果通知書、⑨家庭裁判所調査嘱託回答書、⑩同意書、⑪判定意見書、証明書、⑫ 1 歳 6 か月児、3 歳児精密健康診査受診票、⑬その他などがあり、これらの書類が児童記録票綴に入れられる――厚生労働省（2007）「児童相談所運営指針」。

養育し、保護するとともに、養育に大きな困難を抱える家庭への支援を行うこと」と定義している[41]。長瀬正子は、「様々な事情によって、血縁関係のある親と一緒に暮らすことができない子どもの育つ権利を保障するために、日本社会が責任をもって特別な保護と援助を提供する仕組み[42]」と社会的養護の概念について整理している。これらの定義から、保護が必要な子どもを社会の責任で養育するということが、社会的養護の基本的な考えと言える。この社会的養護について、松原康雄は、「従来家庭養護の対概念として議論されてきた[43]」ことに言及している。さらに櫻井奈津子は、著書の中で、「「家庭養護」は実親家庭での養護である」と述べた上で、「社会的養護」を生活の場で分類し、「施設養護」、「里親養護」、「地域養護」の3つ[44]を提示した。本書では、櫻井の分類に依拠し、特に社会的養護における記録管理を分析する上で、日本の社会的養護の8割を占める「施設養育」の現場に焦点を当て、検討を行っていく。

　ケアリーヴァー：care leaver　　英語圏を見ると、社会的養護で養育された人は、主にケアリーヴァー（care leaver）と称される。イギリスの当事者支援団体であるケアリーヴァーズ協会 The Care Leavers' Association：CLA によれば、ケアリーヴァーは「子ども時代に社会的養護で過ごした大人[45]」と定義される。また、中村正は、ケアリーヴァーを「18歳までの子ども時代に施設養護生活を経験したことのあるもの[46]」としてより狭義の意味として捉えている。日本では、ケアリーヴァーや当事者[47]と称されることが多いが、当事者という言葉は、「その事またはその事件に直接関係をもつ人[48]」を指し、様々な場面で使用されるため意味がとりづらく、誤解を招く恐れがあるため、本書ではかつて社会的養護を経験していた人という意味でケアリーヴァーという用語を使用することとする。

　アイデンティティ：identity　　本書は、記録にアクセスすることがケアリーヴァーのアイデンティティ形成に影響を及ぼすことについても言及しているため、アイデンティティについても定義しておきたい。同じ [identi-] という意味と性質 [-ty] という意味をもつアイデンティティの初出は16世紀で、ラテン語が語源である[49]。心理学の分野では長く「自我同

一性」「同一性」、時によっては「主体性」と訳されてきたが、現在では多くの場合「アイデンティティ」と訳されている[50]。栗原彬によれば、「心理学では、「同一性」、社会学では「存在証明」、哲学では「主体性」、ナショナリズム研究においては「帰属意識」と訳されるなど異なる訳語が付与されてきた[51]。」そのため、こうした状況を概念の曖昧さと容認し、文脈によって使い分けるべきとする見解もある[52]。

　アイデンティティ（identity）という用語は、現在では学術領域以外でも頻繁に使用されるようになってきたが、その用語の一般化に寄与したのは、心理学者で精神分析学者でもあったエリク・H・エリクソン E. H. Erikson[53]である。エリクソンは、アイデンティティの概念を提唱したが、その言葉を定義しようとは試みず、多角的なアプローチを通して、その

41　厚生労働省「社会的養護」。

42　大阪府人権協会（2014）『社会的養護の当事者支援ガイドブック』：5。本書は、一般財団法人大阪府人権協会が長瀬正子にガイドブックの執筆を依頼して刊行されたものである。

43　松原康夫（2008）「社会的養護の今日的課題と新しい座標軸」：21。

44　櫻井奈津子編著（2010）『養護原理（第4版）』：70。

45　The Care Leavers' Association. (2014). What is a Care Leaver?

46　中村正（2012）「（社会臨床の視界9）ケア・リーバー Care Leaver たち：「忘れられたオーストラリア人」への謝罪から考える」：15。

47　『社会的養護の当事者支援ガイドブック』の中で執筆者の長瀬正子は、社会的養護で育った経験のある人たちと定義している――前掲注42：3。

48　「当事者」、新村出編（2008）『広辞苑（第六版）』。

49　エリクソン、エリク・H. 著、西平直・中島由恵訳（2011）『アイデンティティとライフサイクル』：225。

50　同前：224。

51　栗原彬（1982）『歴史とアイデンティティ：近代の日本の心理＝歴史研究』：13–14。

52　同前。

53　エリクソンは、フロイトが心理性的発達段階を提唱したことに対して、心理社会的発達段階を提示し、生涯を8つの段階にわけるライフサイクル論を提唱した――小沢一仁（2014）「教育心理学的視点からエリクソンのライフサイクル論及びアイデンティティの概念を検討する」：97。

いくつかの側面を描き出そうとした [54]。とりわけ、アイデンティティに幾つもの側面があることを意識しつつ、中島由恵が提唱するように、「アイデンティティとは、「わたしは誰であるか」という一貫した感覚が時間的・空間的になりたち、それが他者や共同体から認められている [55]」、という概念に則り、ケアリーヴァーが記録へアクセスする過程を通じて、追及、獲得されるアイデンティティについて考察する。なお、本書では、この語を用いる際には、カタカナ表記のアイデンティティにする。

　プライバシー　　本書では、社会的養護の記録を対象とし、その記録へのアクセスを検討するため、その記録に含まれる個人情報の扱いや記録の開示に関わるプライバシーは重要なテーマの一つに含まれる。日本で、2003・平成 15 年に成立した個人情報の保護に関する法律（個人情報保護法）では、個人情報を「生存する個人に関する情報であって、当該情報に含まれる氏名、生年月日その他の記述等により特定の個人を識別することができるもの（他の情報と容易に照合することができ、それにより特定の個人を識別することができることとなるものを含む。）をいう」と定義している [56]。「個人情報」と「プライバシー」という言葉については、同義で使用されることが多いが、両者について厳密な定義があるわけでなく、欧米の法律では、「個人情報保護」を使用している国も「プライバシー」を使用している国もある [57]。本書では、記録に含まれている情報については、「個人情報」という用語を使用しているが、英語論文の引用などで、「プライバシー」という用語が使用されている場合は、英語をそのままカタカナ表記した「プライバシー」を採用した。

　レコード：**records**　　「レコード（records）」は、国際標準として定められた ISO15489-1:2016 において、「組織または個人が、法的義務の履行または業務遂行において、証拠、及び資産として、作成、取得及び維持する情報 [58]」と定義される。しかしながら、「アーカイブズ」と「レコード」という言葉は、異なる人々で異なる意味を持つ [59]。本書でも取り上げているイギリスやその影響の強いオーストラリアでは伝統的に、アーカイブズに移ったものを含めて、文書をレコードという言葉で表現している [60]。

日本のように、レコード＝現用文書、アーカイブズ＝非現用文書のうち永久保存対象となったもの、というような使い分けをしていない[61]ため、本書においても、イギリスとオーストラリアの論文を引用する場合、「レコード」の日本語訳である「記録」という用語を、特に現用文書と非現用文書で区別することなく使用する。

54　エリクソンが描くアイデンティティの側面には、①自分の意識的感覚としての自分、②周囲からの是認、③子ども時代からの「すべての同一化が次第に統合されることによって発達する」、④自我の社会的機能、⑤集団のなかで共有されるアイデンティティがある――前掲注49、エリクソン（2011）：224。

55　同前。

56　個人情報保護法は、2003・平成15年の成立後、2015・平成27年に全面改正され、その際に設けられた附則において、施行後3年ごとに検討を加える条項が加えられた。2020・令和2年の改正事項は、不適正な方法による個人情報の利用禁止や罰則の強化など多岐にわたる。2020年の新法の改正事項の解説については、第二東京弁護士会情報公開・個人情報保護委員会編（2021）『令和2年改正　個人情報保護法の実務対応：Q&Aと事例』を参照されたい。

57　豊田健（2004）「日本における個人情報保護法制定の歴史的背景：国民の意識と社会的背景」：484。

58　IOS 15489-1:2016, Information and documentation―Records management―Part1: Concepts and principles: 2.

59　フランスを含む、多くのヨーロッパの国では、「アーカイブズ（Archives）」という言葉は、現在の目的で使用している記録と、永続的な価値のために維持される記録と両方の意味をもつ。イギリスの最初のアーカイブズの理論家といわれるヒラリー・ジェンキンソン H. Jenkinson も、どちらの用語も区別していなかった。それ以降も、イギリスでは、アーカイブズは記録を含む概念である――Williams, Caroline. (2016). *Managing archives, foundations, principles and practice*: 4–5.

60　シェパード、エリザベス；ジェフリー・ヨー著、森本祥子ほか編訳（2016）『レコード・マネジメント・ハンドブック：記録管理・アーカイブズ管理のための』：4。

61　同前。

日本の社会的養護に関する記録の管理

児童相談所と国立・民間の児童福祉施設を事例に

はじめに——

　この章では、日本の社会的養護に関する自治体と施設の記録管理システムに焦点を当て、当事者の記録の開示や利用に何が課題になるのかを検証していくとともに、一般の利用者に対するケアリーヴァー等の個人情報が含まれる記録の公開について分析していく。日本における社会的養護の記録管理に関する事例は、断片的あるいは部分的にしか確認することができない事も多いが、本論を展開していく上で、日本の社会的養護の現状や課題を把握しておくことは、ケアリーヴァーが記録へのアクセスを行える環境を整備していくためにも重要である。現在日本の児童福祉施設は、どのような記録管理体制をしいているのか、確認する。

　まず、本章が対象とする児童福祉施設について概要を記しておきたい。児童福祉施設とは、児童福祉に関する事業を行う各種施設の総称である。児童福祉施設の種類は、児童福祉法（昭和 22 年 12 月 12 日法律第 164 号）第 7 条に列記され、施設概要については、児童福祉法第 36 条から第 44 条の 2 で定められており、児童養護施設、児童心理治療施設、児童自立支援施設、乳児院、母子生活支援施設などが含まれる［**表 1.1**］[1]。本章では、全ての児童福祉施設に関する記録について言及していくことは不可能であるため、これらの施設の内、特に児童養護施設と児童自立支援施設について考察していきたい。児童養護施設を本論の調査対象として選択した理由は、児童福祉施設の中で圧倒的に施設数が多く、措置している子どもの数が児童福祉施設として最大であることがあげられる（［**表 1.1**］の定員、現員を参照）。そして、その施設のすべてに、子どもの措置費などの公的資金が投入されているものの、大部分が民間の社会福祉法人などによって運営されているという特徴がある。一方で、児童自立支援施設は、その

表 1.1　社会的養護における児童福祉施設の概要

施設	対象児童	施設数 (か所)	定員 (人/世帯)	現員 (人/世帯)	職員総数 (人)
乳児院	乳児（特に必要な場合は、幼児を含む）	140	3,857	2,678	5,048
児童養護施設	保護者のいない児童、虐待されている児童その他環境上養護を要する児童（特に必要な場合は、乳児を含む）	605	31,826	24,908	18,869
児童心理治療施設	家庭環境、学校における校友関係その他の環境上の理由により社会生活への適応が困難となった児童	50	1,985	1,366	1,384
児童自立支援施設	不良行為をなし、又はなすおそれのある児童及び家庭環境その他の環境上の理由により生活指導等を要する児童	58	3,609	1,226	1,815
母子生活支援施設	配偶者のない女子又はこれに準ずる事情にある女子及びその者の監護すべき児童	226	4,672世帯	3,735世帯 児童6,333	2,048
自立援助ホーム	義務教育を修了した児童であって、児童養護施設を退所した児童等	176	1,148	643	858

厚生労働省子ども家庭局家庭福祉課「社会的養育の推進に向けて　令和2年10月」：1より抜粋して作成。

規模や措置される児童の数は児童養護施設と比較すると少ない。58施設の内、2施設以外は全てが国立・公立施設である。これは、児童自立支援施設が少年法に基づく家庭裁判所の保護処分等により入所する場合があり、その役割から児童福祉法では都道府県等に児童自立支援施設の設置義務が課せられ、大部分が公立施設となっている[2]。

　この対照的な運営基盤をもつ2つは、記録を管理する上でも公文書管理法や県、市が定める公文書管理条例の適用を大半が受ける児童自立支

1　児童養護施設の数は605施設に及び、収容者数24,908人（2019・平成31）年3月末現在）となっている——厚生労働省子ども家庭局家庭福祉課「社会的養育の推進に向けて　令和2年10月」：1。

援施設に対して、児童養護施設の多くは民間の施設であるために、組織内の内規などに則り記録管理が行われている。この 2 つの異なった形態の施設について検討を行うことは、記録管理について適用される法律の他にも、それら施設が作成する記録の内容も大きく異なるため、個人情報の扱い、さらには記録の開示、公開という面で、多角的な分析ができると考えられる。

　そして、その 2 つの種別の施設とは別に、児童福祉施設に関わる記録を作成、管理する機関として、県や市に設置されている児童相談所が挙げられる。児童相談所は、都道府県と政令指定都市に設置が義務付けられており、任意で設置できるのは中核市だけだったが、2016 年の児童福祉法の改正で新たに特別区（東京 23 区）への設置が可能になったことは記憶に新しい。児童相談所は、家庭にいる子どもが児童福祉施設に入所するための、言わば中継地点となる場所（[図 1.1]）で、そこでは、相談があっ

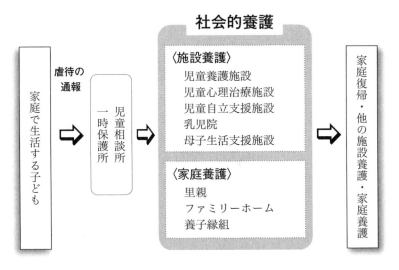

厚生労働省子ども家庭局家庭福祉課「社会的養育の推進に向けて　令和 3 年 5 月」：208 を参考に作成。

図 1.1　児童相談所から社会的養護への流れ（虐待の一例）

た子ども一人ずつのケース記録が作成される。

　そのため、児童自立支援施設と児童養護施設の例に先だって、次節では、児童相談所を含む自治体で作成される記録について取り上げ、自己情報の開示と記録の保存年限後の公文書館への移管について、児童福祉施設との関係性から検討していく。

1.　児童相談所で作成される児童福祉施設関係記録

　児童相談所とは、児童福祉法の第 12 条に定められる、都道府県、政令指定都市、中核市に設置された児童福祉の公的な専門機関である。児童相談所は、児童、すなわち 0 歳から 17 歳までの者（児童福祉法第 4 条）を対象としており、児童相談所の運営指針によれば、その主な業務としては、養護・保健・心身障害・非行・育成相談[3] などがあげられる。児童相談所は、全国 215 か所に設置されている（2015・平成 31 年 4 月 1 日時点）[4]。児童相談所の作成する記録とその公開には、どのような課題があるのか、自治体が作成する記録とその公開について以下で分析していきたい。

1.1　児童記録票の記録管理と公開に関する調査
児童相談所の作成する記録

　児童記録票は、子どもの氏名・生年月日・住所、保護者の氏名・職業・住所、学校等、家族状況、主訴、過去の相談歴等[5] が記載されており、児童相談所で対応する児童の処遇などが記される、ケース記録の根幹を

2　厚生労働省（2011）「社会的養護の施設等について」。
3　厚生労働省（2007）「児童相談所運営指針」第 1 章第 3 節第 1、2 項を参照。
4　厚生労働省（2019）「児童虐待防止対策の状況について」。
5　厚生労働省（2005）「市町村児童家庭相談援助指針」第 2 章第 2 節第 4 項（1）「相談・通告時において把握すべき事項」を参照。

なすものである。日本の社会的養護の記録に関する全国的調査はほとん
ど行われてこなかったが、児童相談所が作成する児童記録票の記録管理
について、記録の保存年限に焦点を当てた調査を行ったのが、「NPO こど
もサポートネットあいち」である。

　「NPO こどもサポートネットあいち」は、社会的養護において児童記録
票は、児童の措置中のみならず、措置解除後においても、公文書として
当事者の権利を擁護するうえでも重要であると位置づけ、児童記録票の
保管について現状を把握するための全国的なアンケート調査（2013 年 9 月
～ 2014 年 1 月）を実施した [6]。調査の対象としたのは、47 都道府県、20 の
児童相談所設置市（金沢市・横須賀市を除く）の児童福祉主管課、228 児童
相談所の合計 295 の機関である。アンケート調査は、29 児童福祉主管課、
98 児童相談所からの回答（一括回答含む）が得られた。この調査では、少
年法による送致があった児童、小規模住居型児童養育事業（ファミリーホー
ム）と里親に委託した児童、児童養護施設入所児童、それぞれの児童記録
票について、次の 3 つの質問がなされた。

　　質問①　児童記録票の保管について、年限はありますか？
　　質問②　年限がある場合、何年保管し、何年で廃棄することになっ
　　　　　　ていますか？
　　質問③　上記の年限は、どのようなもので定められていますか？

　アンケート調査の結果から、少年法による送致があった児童の児童記
録票は、回答のあった都道府県の約半数が 5 年保管と回答し、その他の
児童記録票よりも保管年限が短く定められていることが確認された。ま
た、5 年の保存年限については、多くの機関が児童相談所の指針や要領を
根拠にしていた。アンケートの回答があった愛媛県の 3 つの機関は、そ
れぞれ児童記録票の保存年限を措置解除後 5 年（児童相談所運営指針を根拠）、
永年、20 年（2 つは、愛媛県文書管理規程を根拠）としており、同一県の中で
も判断が分かれた。

　児童養護施設に措置された児童の児童記録票の保管については、回答があった都道府県 65 の内 61 が、児童記録票について保存年限を設定していることが確認された。その保存年限の根拠は大きく 2 つに分かれており、一つは、厚生労働省が示している児童相談所運営指針、もう一つは都道府県の文書管理規定に則って、記録の保存年限を定めていた。前者は、当該児童が 25 歳になるまで児童記録票は保管され、その後、廃棄となる。後者の場合は、都道府県の文書管理規定ということで自治体によって差異があるが、概ね 30 年保管で、その後廃棄される例が多いことが示された（山梨県・三重県・福岡県など）。また、北海道や宮城県のように、自治体の文書管理規定に準拠しながらも、児童相談所運営指針を参考にしていると考えられる自治体もあり、児童記録票を永年保存しているという回答が 2 つの自治体（愛媛県、和歌山県）からあった。

　小規模住居型児童養育事業・里親に委託された児童の児童記録票の保管の保存年限についても、概ね同じ期間で、設定しているところが多いことが確認された。また、知的障害の場合、「療育手帳[7]」取得のために児童記録票を永年保存にしてある自治体や、棄児に関する児童記録票を、永年保存とする自治体もあった。しかしながら、京都府のように、「各児童相談所文書分類及び文書保存年数に関する規程」により、いずれの場合も保存年数を 5 年と定めている児童相談所も少なからず存在した。

6　特定非営利活動法人こどもサポートネットあいち（2014）『平成 25 年度福祉医療機構助成事業　児童記録票の保管に関する調査 I（全国児童相談所・都道府県・政令市・設置市への調査結果）』（発行年未記載のため、アンケート最終回収日より推測、ページ番号なし）。また、同じ調査が、伊藤貴啓（2015）「児童記録票の保管に関する調査（その 1）」でも報告されている。

7　療育手帳は、知的障害者（児）の保護及び自立更生の援助を図るとともに、知的障害者（児）に対する社会の理解と協力を深めるために交付し、知的障害者の福祉の増進に資することを目的としており、障害の程度によって、1 度から 4 度に区分される。療育手帳の名称については地域で異なり、東京都では、愛の手帳（東京都療育手帳）と呼ばれている——東京都福祉保健局東京都心身障害者福祉センター「愛の手帳について」。

　このアンケート結果から、記録の保管状況は、各自治体、各児童相談所で大きく異なることが判明した。これは、同じ県内でも管轄する児童相談所が異なれば、児童記録票の保存年限が異なるということを意味しているため、児童が措置変更などで複数の施設や里親の間を移動し、生活する場合、管轄の児童相談所により保存年限が異なる複数の記録が保管されるという結果を示していた。

　2013年12月27日、児童相談所運営指針が改正された。この改正により、児童記録票の保存期間は、「将来的に児童記録票の活用が予想される場合は長期保存とする等、個々の事例の内容や性質に応じて、柔軟かつ弾力的に保存期間を設定する」という文言から、「養子縁組が成立した事例や、棄児・置き去り児の事例で下記の措置を解除した場合など、将来的に児童記録票の活用が予想される場合は長期保存とする」に変更された[8]。25歳以上になった養子は、従来までは自治体の記録は廃棄されてしまい、民間の養子縁組あっせん機関でしか、自らの過去を知る事が出来ない場合もあったが、これにより情報を獲得するための手段が広がったといえる。しかしながら、児童相談所の運営指針には拘束力もなく、それに則り記録管理を行うかどうかの判断は各自治体に委ねられている。今後どのような記録管理体制となるのか、改正からさほど時が経過しておらず、その影響についてはこれから表面化してくると言えよう。

2　国立の児童福祉施設の管理する記録
国立児童自立支援施設を事例に

　本節では、国立の児童自立支援施設を事例に記録の管利と利用について検証していく。

　児童自立支援施設は、児童の行動上の問題、特に非行問題を中心に対応していたが、1997・平成9年の児童福祉法の改正によって「家庭環境その他の環境上の理由により生活指導等を要する児童」も対象に加えら

れた[9]。概ね多くの公立施設は、100 年を超える歴史を有しており、職員
である実夫婦とその家族が小舎に住み込み、家庭的な生活の中で入所児
童に一貫性・継続性のある支援を行うという伝統的な小舎夫婦制という
システムを導入しているところもある。本節で取り上げる、国立武蔵野
学院は厚生労働省組織令第 135 条による国立児童自立支援施設として、
児童福祉法第 44 条に規定する不良行為をなし、又は、なすおそれのある
児童及び家庭環境その他の環境上の理由により生活指導等をつかさどり、
あわせて全国の児童自立支援施設の向上に寄与することを目的として、
設立された。

　その歴史を紐解くと、1917・大正 6 年 8 月、国立感化院令に基づき、
1919・大正 8 年 3 月に国立感化院として開設され、1947・昭和 22 年 8 月
には児童自立支援事業やその他の社会事業に従事する者に、基礎的な理
論及び技術を習得させることを目的とする、現在の「国立武蔵野学院附
属児童自立支援専門員養成所」の前身である「国立武蔵野学院附属教護
事業職員養成所」を併設した。そして 2006・平成 18 年 4 月には、公教育
の導入として、国立武蔵野学院が所在するさいたま市から教員が配置さ
れ、さいたま市立中学校分教室が設置された[10]。

2.1　国立武蔵野学院が作成する記録

　国立武蔵野学院が作成する文書については、国立武蔵野学院文書管理

8　児童記録票の保存期間については、「第 3 章 相談、調査、診断、判定、援助決定業務、
　　第 2 節 相談の受付と受理会議」に定めている——厚生労働省雇用均等・児童家庭
　　局長（2013）「雇児発 1227 第 6 号　児童相談所運営指針の改正について」。

9　厚生労働省（2011）「社会的養護の施設等について　4　児童自立支援施設の概要」。

10　1998・平成 10 年 4 月 1 日に施行された改正児童福祉法では、入所児童に正規の学
　　校教育を受ける機会を保証するため、施設長に入所児童を就学させる義務が課せ
　　られた。現在、武蔵野学院では、さいたま市教育委員会より配置された教員と本
　　院職員によるチームティーチングでの授業が展開されている——国立武蔵野学院
　　（2009）『国立武蔵野学院九十年誌』：1–2, 14。

規程に定められている。この規程は、「国立武蔵野学院及び付属児童自立
支援専門員養成所における文書（図面及び電磁的記録を含む）の管理に
必要な事項を定めることにより、事務処理の適正化及び能率化を図るこ
と[11]」を目的としている。またこの規程において「行政文書」とは、国立
武蔵野学院の職員が職務上作成し、又は取得した文書であって、国立武
蔵野学院の職員が組織的に用いるものとして、国立武蔵野学院が保有し
ているもの[12]を指す。

　この規程の特徴的な点としてあげられるのは、第 5 章の行政文書の保
存に明記された、「国立武蔵野学院図書・資料室への引継ぎ及び国立公文
書館への移管」について述べられている第 39 条である。第 39 条では、
第 1 項で「行政文書のうち当該行政文書が属する行政文書ファイルの保
存期間が満了したものについては、庶務課保存ファイルにあっては庶務
課長が主管課長と協議をして、主管課保存ファイルにあっては、主管課
長が国立武蔵野学院図書・資料室で保存することが適当であると認める
場合は、行政文書ファイル管理簿を調製の上、国立武蔵野学院図書・資
料室に引継するもの[13]」と定められ、第 2 項で「国立公文書館に移管す
るものについては、前項と同じ手続きとする[14]」とした。

　この規程では、行政文書の移管について、国立公文書館への移管と国
立武蔵野学院図書・資料室への移管が並列の選択肢として記載されてい
る。しかしながら、国の行政文書の移管は、公文書管理法の第 8 条に定
められているように、行政機関の長は、保存期間が満了した行政文書ファ
イル等について国立公文書館への移管か廃棄かを決定する必要がある。
または、武蔵野学院図書・資料室が公文書管理法の定める「国立公文書
館等」としての指定を受けなければならないし、児童自立支援施設武蔵
野学院を所管する厚生労働省の省令改正も必要になってくる。では、な
ぜ国立武蔵野学院では、国立武蔵野学院図書・資料室を国立公文書館と
同じく、移管先と位置づけたのだろうか。次項では、こうした規程がつく
られた要因について検証したい。

2.2　国立武蔵野学院図書・資料室
記録とその利用

　国立武蔵野学院図書・資料室は、2003・平成 15 年 4 月に開室した。これは、厚生労働省令 639 条第 2 項のいう国立児童自立支援施設調査課の業務「児童の児童自立支援に関する資料の収集」および「頒布」業務の一環として開始された [15]。資料の「頒布」という意味を図書・資料の閲覧・複写をも含むと解釈する立場に立ち、国立武蔵野学院の営みとして収集した「児童の自立支援に関する資料」を広く、児童自立支援業務や児童福祉業務に従事する者やそれに関する調査研究に携わる者に公開することとした [16]。ここでは、規程により移管された行政文書を資料として扱っている。このことは、児童自立支援業務に対する国民の理解を育てる上で意義深いといえる。

　図書・資料室には、約 3 万点の図書・資料が管理・保存されている。その内容は、各省庁からの発行物（資料の形態は問わず）、民間団体発行の逐次刊行物・図書、児童自立支援施設、全国児童自立支援協議会、国立武蔵野学院、児童相談所および都道府県からの資料や刊行物などが中心となっている。　国立武蔵野学院の図書・資料室は、本館内にあり、利用

11　児童自立支援施設国立武蔵野学院 (2016)「国立武蔵野学院文書管理規程　第 1 条」（平成 28 年 12 月現在）。

12　ここでは、官報、白書、新聞、雑誌、書籍、その他不特定多数の者に販売することを目的として発行されるものを除く、としている――児童自立支援施設国立武蔵野学院 (2016)「国立武蔵野学院文書管理規程　第 2 条第 5 項」（平成 28 年 12 月現在）。

13　児童自立支援施設国立武蔵野学院 (2016)「国立武蔵野学院文書管理規程　第 39 条第 1 項」（平成 28 年 12 月現在）。

14　児童自立支援施設国立武蔵野学院 (2016)「国立武蔵野学院文書管理規程　第 39 条第 2 項」（平成 28 年 12 月現在）。

15　前掲注 10、国立武蔵野学院 (2009)：152–155。

16　同前。

者が資料を閲覧するスペースとは別に、資料を保管するための収蔵スペースを設けているほか、資料を複写するためのコピー機なども設置されている。

　国立武蔵野学院図書・資料室の運営については、国立武蔵野学院図書・資料室管理規程第 5 条の規定に基づき国立武蔵野学院図書・資料室運営委員会で必要な事項を定めている。委員には、学院の職員の他に、歴史学、アーカイブズ学、法律等の専門家が外部から委嘱されており、資料の整理や利用者のレファレンス対応などは、開室日に専門職員が対応にあたっている。

　国立武蔵野学院図書・資料室に収蔵されている資料の整理については、1998・平成 10 年 11 月に、本館の新築に伴う旧本館の図書室及び資料室所蔵資料をいかに整理すべきかについて、二井仁美（現・北海道教育大学旭川校教授）に参考意見を求めたことに端を発している。その後、1999・平成 11 年 1 月に収蔵資料の目録作成を二井に依頼し、図書・資料室開室まで、二井及び学生アルバイト、国立武蔵野学院の職員が断続的に作業を行った。2003・平成 15 年 4 月、図書室と資料室の収蔵資料を一括して図書・資料室の管理システムに登録し、蔵書を把握すると共に、図書・資料室利用規程や図書・資料の閲覧スペースを整備し、担当の司書を配置したことで、図書・資料室を開室するに至った[17]。

　では、前述した国立武蔵野学院図書・資料室を国立公文書館と同じく、移管先と位置づけた要因は何だったのかについて、考えてみたい。これは、一つの要因として、児童自立支援施設という施設の特性があげられる。児童自立支援施設は児童福祉法第 44 条に規定されるように、不良行為によって、家庭裁判所の審判を受けて措置される子どもも多くいる。児童福祉法の改正により、その役割は拡充したが、それでも児童が成人になってから犯罪を起こすなどした場合、警察などからの児童の成育歴等の問い合わせに対応しなくてはならない。これは、記録の保存期間を過ぎても現用文書として考えられる一方で、個人情報の記載のないものについては、施設の中にある図書・資料室にて、一般に提供したいとの考えが

共存しているものと捉えることができる。

　しかしながら、「歴史資料となる公文書を保存」するという措置をとる前に、現用・半現用の期間を長くとり、施設で生活をしていたケアリーヴァーを対象としてアクセスを開く方法も模索することが望まれる。児童自立支援施設のように、子どもが施設を退所してからも他の社会的養護の施設に異動する場合が想定されるケースでは、施設としても記録を長く保管しておくことがケアリーヴァーのためにもなる。現状では、児童自立支援施設の記録の利用の議論については、事件性を含む内容の記録もあるので活発に行われていないが、ケアリーヴァーのための記録利用やその課題について、組織を超え、児童自立支援施設全体で共有していく必要がある。

3　民間の児童福祉施設の管理する記録
児童養護施設を事例に

　児童養護施設エリザベス・サンダース・ホームは、第二次世界大戦後の 1948 年に連合国兵士と日本人女性との間に生まれた子どもの養育のために設立した施設である。当時、敗戦国となった日本では、戦勝国である連合国軍との間に生まれた子どもということや、彼らの外見への偏見などで、そうした子どもたちを放置、または遺棄してしまう事件がたびた

17　1999 年から国立武蔵野学院の資料整理を行ってきた二井仁美は、児童自立支援施設に関する記録の意義について、「児童自立支援施設に関わる人々が、現在の施設の状態やそれにかかわる施策の現状を把握し、今後のあり方を考えるための基礎データとして不可欠」で、「各種の報道にしばしば見受けられる児童自立支援施設に対する偏見や誤解を解いていくためにも、児童自立支援施設の営みを伝える記録は大きな力となる」ことに言及し、児童福祉関係史料を体系的に整備収集し、整理・管理する専門職員が配置された児童福祉専門史料館の設立を提案している——二井仁美（2001）「児童自立支援施設が所蔵する記録史料の保存」：103, 110–111。なお、国立武蔵野学院図書・資料室の詳細については、拙稿（2009）「武蔵野学院図書・資料室」参照。

び起こっていた。施設の創設者の澤田美喜（1901-1980）はそうした世間の偏見を恐れ、1953 年、1959 年に施設の敷地の中に、それぞれ小学校、中学校を設立した。創設者の育てた子どもの内、約 300 人は、外見への偏見のない国で家庭の温かさの中で育ってほしいとの思いから、国際養子として主にアメリカに渡っていた。また、義務教育である中学校を卒業した後、社会に出て差別にさらされる彼らを案じた澤田は、ブラジルに土地を買い、農場をつくり、卒業生の就職を世話することもしていた。

　現在、児童養護施設は全国に 605 か所あるが、このような設立背景をもつ施設は特異な存在といえるだろう。こうしてアメリカやブラジルに渡った彼らは現在 50 歳代から 70 歳代になっており、彼らからの施設への問い合わせの多くは自らのルーツや施設に預けられた時のことを尋ねるものである。しかしながら、施設がこのような問い合わせに応えていくことは、彼らの記録や当時の情報を知る人がなければ難しい状況である。

　児童養護施設エリザベス・サンダース・ホームでは、施設の記録管理を定めた文書管理規程（2008・平成 20 年 3 月 19 日制定）がある。この文書管理規程に付属する「児童養護施設エリザベス・サンダース・ホーム文書保存期間基準表」によれば、記録の保存年限の区分は、早いものから 1 年、3 年、5 年、10 年、永年であり、児童処遇関係の文書では、カンファレンス記録、心理面接記録、入退所名簿、日誌などは永年で保存されるが、帰省、面会、里親記録は、10 年保存、児童移動報告書は 5 年保存である ［表1.2］。

　そのため、保存期間が過ぎても現用文書として扱うか、または、歴史的価値のある資料として、施設側で保存・管理していけるか、ということが一つの試金石となるであろう。これには、上記で述べたような、施設出身者のルーツの解明、研究利用のような組織を超えた、記録のさらなる活用についても施設は考慮して記録を管理すべきであり、記録に含まれる当事者や第三者の個人情報の扱いについても、公開に際しては、十分に検討する必要がある。そして後者のような研究や一般的な利用は当面の間は難しくとも、自己情報が開示できる体制を整え、ケアリー

表 1.2 児童養護施設エリザベス・サンダース・ホーム文書保存期間

保存文書名 児童処遇関係	保存期間 (年)					保管担当
	1	3	5	10	永年	
(1)個別児童記録					○	庶務
①児童自立支援計画書	○					主任
②カンファレンス記録					○	主任
③心理面接記録					○	心理
④帰省・面会・里親記録				○		主任
⑤家族療法事業記録簿			○			主任
⑥預り金台帳（卒園後）			○			会計
⑦健康診断表				○		保健衛生
(2)入所者名簿					○	庶務
(3)退所者名簿					○	庶務
(4)在籍児童異動報告書				○		庶務
(5)部屋日誌（保母日誌）					○	庶務

「児童養護施設エリザベス・サンダース・ホーム文書保存期間基準表」から「児童処遇関係」を抜粋して作成。

ヴァーには記録へのアクセスを開くことが求められる。

　児童養護施設エリザベス・サンダース・ホームでは、施設の卒業生などで組織する OB・OG 会の代表者を含めた「資料保存と公開にむけた検討会」を 2018 年より開始した。これまでも、新聞やテレビなどのマスコミや卒業生、研究者、様々な目的での問い合わせに対応してきたが、資料の公開・利用の方法にルールがない現状があった。資料の公開や利用については、判断が関係者でないと難しく、当事者の方の同意が得られても、親族が了承しないケースも出てきている。このことから、資料の公開や利用に関する手続きを確立し、利用者に示すことで、当事者たちの事情を鑑みた対応を可能にしていくことができるであろう。

4　記録の中の個人情報をめぐる諸課題

　2019 年 9 月から 11 月末日にかけて、全国の都道府県の文書館・公文書館などのアーカイブズ施設を対象にしたアンケート調査（研究課題「子どもの権利を保障する記録管理体制の確立とアクセス支援（代表：阿久津美紀）」（JSPS 科研費 19K14179））を実施し、38 施設にアンケートを送り、33 施設から回答を得た（回答率 87％）。

　「本庁でのどのような文書（簿冊・ファイル）が保管されているか把握しているか」という質問に対して、把握していると回答した文書館・公文書館は 10 施設で、把握していない 23 施設を大きく下回る結果になった。また、「出先機関でどのような文書（簿冊・ファイル）が管理されているか把握していますか」という児童相談所や児童福祉施設などの公的な出先機関を想定した質問に対しては、33 施設中 8 施設が把握していると回答した。このことから、多くの文書館・公文書館などにおいて、文書の作成段階からの記録の把握が難しい現状が明らかになった。

　さらに、「児童相談所の文書が歴史公文書として移管された実績はありますか」という質問では、14 施設で実績があると回答した。ただ、歴史公文書として移管されているのは、勤務日誌や当直日誌、業務概要、マニュアル、研修会資料などであり、児童記録票（綴）のような個人情報を含んだ資料については、移管の対象から外れていることが確認できた。

　個人情報についての論考を記した渡辺佳子は、1996・平成 8 年 1 月の京都府個人情報保護条例の制定にあたって、行政文書の閲覧部局と調整を重ねたことに言及している [18]。その中で、渡辺は、「「個人に関する情報」については、情報公開条例で、非公開情報とされ、個人情報保護条例でも「自己に関する情報」を原則開示としながらも不開示情報を定めて開示を制限している。これは、対象となる情報が比較的近い時期のものであり、個人の権利利益との関わりが大きいこと、両方の条例が「権利に基づく請求に応じて義務的に情報を公開する」という権利・義務の関係

が生じること等により公開の判断基準がかなり厳格に定められるためともいえる。しかし、この基準をそのまま文書館に適用すれば、100 年、200 年のスパンで資料を運用している文書館の閲覧制度は成り立たなくなる [19]」と指摘し、その場合は、時の経過により公開できるという時限的措置がとれるように条例との整合を図る必要がある [20] ことに言及している。

　また、この論考では、個人情報の保護と行政文書の閲覧制度の円滑な運用を図るため、「行政文書に含まれる個人情報の取扱要綱」を定めた経緯についても示されている。この要綱の中で、京都府の行政文書に含まれた個人情報についての具体策として、「閲覧制限期間」を明記している。諸外国の事例を参考に作成された、「閲覧制限期間の基準一覧表」では、保存期間完結後 25 年、50 年、80 年、100 年と個人情報開示の基準に 4 つの段階を設けている [21]。基準一覧表では、「犯罪歴・補導歴に関する情報（少年教護の調書等）」という「情報又は資料の具体例」をあげて、保存期間完結後 100 年の閲覧制限期間を設けるとしている。個人情報の公開に慎重になるのは、記録に残された内容が彼らやその家族に及ぼす影響が懸念されるからである。特に子どもに関する記録ということで、閲覧制限期間は、大人のそれよりも長く設定することは必然であると言える。

──記録の保存年限の延長と利活用

　本章を通じて、日本における児童福祉施設の記録の扱いは、行政機関と民間団体では大きく異なることが確認された。記録を管理する上で、大半が公文書管理法や地方公共団体の法規範の適用を受ける児童自立支援施設に対して、児童養護施設の多くは民間の施設であるために、組織

18　渡辺佳子（1998）「文書館における個人情報の取り扱いを考える」。
19　同前：16。
20　同前。
21　同前：17。

内の内規などに則り記録管理が行われていた。また、NPOこどもサポートネットあいちが実施した、自治体の児童相談所に対する児童記録票のアンケート調査からは、児童相談所の運営指針によってケアリーヴァーが25歳になるまで記録の保管を定めるところと文書管理条例の規則の下、30年保管を定める自治体もあることが明らかとされた。これは、都道府県の中でも各児童相談所や主管課によって、保存年限やその根拠としている指針や条例が異なることが示された。2013年には児童相談所運営指針は改正され、将来的に児童記録票の活用が予想される場合は長期保存とすることが明記されるようになった。しかしながら、実際にこの改正が現場において、どの程度の影響力があるのか、その検証については、今後の検討課題である。

　児童福祉施設に関する資料の閲覧は、京都府総合資料館（現・京都府立京都学・歴彩館）のような公文書館などの公的施設では個人情報について取扱要綱の下、閲覧制限が設けられたりする一方で、民間の児童福祉施設では、閲覧、利用については、各施設の裁量に委ねられているという現実が明らかとなった。またその前提となる記録管理についても、個人情報に関する扱いなどに課題を抱えていた。こうした影響は、個人のケースファイルに第三者情報などが含まれる場合、記録を利用する当事者にとって大きな障害となっている。そのため、この問題の解決には閲覧と利用だけに焦点を当てるのではなく、記録の作成段階から記録の利用についても包括的に考えておく必要がある。日本では、政府の方針によって、施設の形態は従来の大規模施設から小規模化や家庭養育を重視する方向性に移行しつつあり、それに伴い、児童福祉施設の記録管理体制も大きな変革の時期を迎えようとしている。このような状況において、組織の中で記録利用をどのように位置づけていけるかということが、大きな鍵になってくるであろう。

　今後の社会的養護における記録の利用に関して言えば、例えば、ライフストーリーワークのようなソーシャルワークツールを利用し、現場でも記録の利用を促し、組織の中でその重要性を高めていくことも、記録管

理体制を見直す一つの契機になるであろう。組織の外で、記録管理の働きかけをしていても、記録管理を行うのは現場の職員である。行政機関が行うような、現場の職員のための記録管理について講習会を、公的資金を投入している民間施設にも適用するなどの働きかけがこれからの民間の児童福祉施設の記録管理の発展には必要である。現状、自治体などの情報公開条例の請求対象である委託先、指定管理者、補助金交付先などについては、情報公開が「努力」の範囲であり、義務付けるものではない[22]。そのため今後は、児童福祉施設運営の透明化を図る上でも、情報公開条例の請求対象の範囲の見直しについても考慮していかなければならないであろう。

22　例えば、東京都情報公開条例では、都が出資その他財政支出等を行う法人であって、実施機関が定めるもの（出資等法人）については、条例の趣旨にのっとり情報公開を行うため必要な措置を講ずるよう努めるものとする（第 36 条）と明記されている。

第 2 章

家族の記憶とケアリーヴァーの記録

イギリス、オーストラリアにおける実践から

はじめに──

「集合的記憶」の提唱者である、モーリス・アルバックス M. Halbwachs は、過去の記憶について次のように記している。

> 私たちがどのようにして過去を想起するのかをもう少し詳細に検討してみれば、かなり確かなこととして、思い出のほとんどは、親や友人や他の人々がそれを思い起こさせてくれるときに、自分のなかによみがえってくるのだということがわかるだろう[1]。

　過去の記憶を現在の観点から再構成し続けるというアルバックスの主張において、個人が過去の記憶を想起する時に、周囲の人々の影響を欠くことができない。しかしながら、児童養護施設や乳児院等の児童福祉施設や里親等の社会的養護の下で生活するケアリーヴァーの多くは、家族や親族との繋がりが断絶され、家庭での語りを中心に家族の繋がりから思い出や記憶を構築することが難しい場合も多い。このような状況は彼らが児童養護施設や里親等の社会的養護の下を去っても、苦しむ要因となっている。

　本章では、ケアリーヴァーの記録へのアクセスが社会に浸透し、多くの実践例をもつイギリスやオーストラリアの記録へのアクセスの展開と課題に着目して分析するとともに、記録へのアクセスの関心が高まる契機となった事件について取り上げ、ケアリーヴァーにとっての記録が与える影響について、検討してみたい。モナッシュ大学 Monash University でケアリーヴァーと記録との関係を研究するヴィヴィアン・フリングス－ヘサミ V. Frings-Hessami は、ケアリーヴァーが記録を見たいと考える理由について、

彼らの家族と再び連絡をとるため、自らのアイデンティティを再構築するため、裁判の証拠を得るための 3 点をあげる [2]。彼らの多くは、出生証明書のような重要な個人情報を得ることを望み、両親や兄弟についての情報を探している [3] が、記録を見ることは、ケアリーヴァーにとって知らなかった情報を知ることがきるという肯定的側面がある一方で、知らなかった事実を知ることは、一時的に不安定な精神状態に陥る危険性もある。

　本章で取り上げるイギリスやオーストラリアは、両国とも歴史的な背景から、ケアリーヴァーの記録へのアクセスの要望が高く、その関連論文や書籍が多く出版されており、アーカイブズ学のみならず、歴史学や社会福祉学、法学など様々なアプローチからの研究が進んでいる。記録を通して、見ることのできる過去の自分と家族について、決してポジティブな面だけでない記録を追い求めるのはなぜなのか、記録の役割について考えていく。

1　ケア記録への注目と記録の役割

　1990 年代後半まで、個人のアイデンティティに対する記録の重要性に関する文献は、社会的養護で養育された子どもではなく、養子縁組をした子どもに関するものが中心であった [4]。イギリスでは、児童福祉施設が保管するケア記録へのアクセスの問題は、1970 年代後半から顕著になってきた [5]。これは過去に児童福祉施設で起こった虐待の告発が一つの要因になっている。

1　アルバックス、モーリス著、鈴木智之訳（2018）『記憶の社会的枠組み』：8。

2　Frings-Hessami, V. (2018). Care leavers' records: A case for a repurposed archive continuum model: 160.

3　同前。

4　Downing, M., et al. (2013). An educative intervention: Assisting in the self-assessment of archival practice in 12 community service organisations: 119.

5　同前。

　1990 年代にはカナダにおいて、日本の児童自立支援施設にあたるグランドビュー女子訓練学校 Grandview Training School for Girls の出身者の施設内虐待が取り上げられた。その時までに施設は閉鎖されていたが、過去にその施設内において多くの子どもへの様々な虐待が明らかになり、カナダ政府との補償問題へと発展した[6]。また、2000 年代に入ると虐待の被害者たちの声に押されて政府が調査に乗り出すアイルランドのような例も多くみられるようになった[7]。2006 年には、スウェーデンの国家健康福祉局 The National Board of Health and Welfare が、施設や里親宅における児童虐待調査を行い、2011 年 9 月 29 日までに、関係者 866 人にインタビューが行われ、その報告書がまとめられている[8]。

　そして第 3 章でも言及する「記録とアイデンティティ」との関係性を強調し、後にスコットランドの記録管理に大きな影響を与えたのは、The Shaw Report（以下、ショーレポート）と呼ばれる報告書 *The Historical Abuse Systemic Review: Residential Schools and Children's Homes in Scotland 1950 to 1995*[9] である。1950 年から 1995 年の間、児童福祉施設に生活した子どもの虐待調査結果をまとめた報告書の中では、調査中に明らかになった記録とアイデンティティの関係や児童福祉施設等におけるケア記録の杜撰な管理が指摘されており、2011 年にスコットランドで施行された公文書（スコットランド）法 Public Records (Scotland) Act[10] やその後のスコットランドにおける記録管理制度などにも多大な影響を与えることになった。ショーレポートでは、以下のようにケアリーヴァーと記録との関係について述べている。

　　前の居住者〔ケアリーヴァー〕は、家族を捜すことや彼らの子ども時代に起こったことを十分に理解することに基本的欲求がある。彼らは、兄弟や両親、親戚を知っている家族の中で育った人々の社会に生きている。〔ケアリーヴァーの〕そのような認識の欠如は、彼らに孤独を感じさせる。だから、記録は、彼らを彼らの家族とのつながりをたどり、帰属するための共通の感覚を育む手助けをする[11]。

　ショーレポートでも言及されたように、記録はケアリーヴァーにとって、家族の歴史をもたらし、帰属意識を持たせる役割を果たすと言える。ジュディス・エザートン J. Etherton は、彼女の論考の中で、記録を通じて児童福祉施設や里親家庭で育った自らの歴史を知ることは、アイデンティティの形成やメンタルヘルス [12] に極めて重要な役割を果たすと述べている [13]。

6　CBC News. (Nov. 17, 1999). Ontario apologizes for abuse at Grandview school.

7　2009 年に最終報告書が出された 5 巻 2600 ページにも及ぶアイルランド政府の調査報告書では、1936 年から 1960 年の期間の児童虐待に関する児童ファイル27,000 件が紛失したことが指適された——The Government of the Republic of Ireland. (2009). *Report of the Commission to Inquire into Child Abuse.*

8　スウェーデンにおける被害者への経済的な補償についての議論の過程では、アーカイブズにおいて児童福祉施設内で虐待の証拠となる記録がなかったことなどが、議論に上った——Sköld. J., et al. (2012). Conflicting or complementing narratives? Interviewees' stories compared to their documentary records in the Swedish Commission to Inquire into Child Abuse and Neglect in Institutions and Foster Homes: 15.

9　The Scottish Government. (2007). *Historical Abuse Systemic Review: Residential Schools and Children's Homes in Scotland 1950 to 1995.*　高橋民紗らの研究によれば、システマティックレビュー（Systematic Review）とは、「トピックに関連する調査研究の選定基準や手順を明確にし、説明可能な方法論に基づき、包括的かつ厳格にレビューを行う方法で、通常のレビューと比較し、著者の主観に偏らず客観性が担保できる。〔利点としては〕再現可能性が高く、改訂や批判的吟味を行いやすい」ことがあげられる。高橋らは、社会的養護の形態が子どもの成長後のアウトカムに及ぼす影響について、最新のエビデンスの整理を行う上で、この調査手法を用いている——高橋民紗・家子直幸（2016）「代替的養護の形態（里親・施設等）による子どもの中長期的アウトカムへの影響：システマティックレビューによる分析から考える」。

10　ショーレポートの公的記録（スコットランド）法への影響については、スコットランド国立公文書館 The National Records of Scotland：NAS のホームページでも確認できる。

11　前掲、The Scottish Government. (2007): 118.

12　世界保健機関によれば、メンタルヘルスは、個人が自らの可能性を信じ、人生における通常のストレスに対処でき、生産的に働くことができ、コミュニティに貢献することができるという幸福な（well-being）状態と定義される——World Health Organization. (2018).

13　Etherton, J. (2006). The role of archives in the perception of self: 231.　エザートンが論文中で述べているように、児童福祉施設で育ったケアリーヴァーにとっては、記録

そして、ケア記録が帰属意識やアイデンティティの形成に重要であるということに気づき、その記録を開示できる権利を主張したのが、ケアリーヴァーのガスキンであった。

2　イギリスにおけるケア記録へのアクセス

2.1　ガスキン裁判 [14]

　まず、グラハム・ガスキン Graham Gaskin[15] の略歴を示す。ガスキンは 1959 年にイギリスで生まれ、母親の死後、わずか 9 か月で、児童法 The Children Act 1948 第 1 条の下、リバプール市参事会 Liverpool City Council による保護を受けるようになった。その後、彼は 18 歳になるまで、様々な施設や里親などを転々としながら養育され、その期間のケア記録の開示をリバプール市参事会へ請求した。その理由は以下のようなことである。

> 私は、保護下で虐待を受けてきた。成人して以来、自分がどこで、だれによって、いかなる状況の下で養育されたのかということは、自分自身の問題を克服するのに役立ち、また自分自身の過去を学ぶことの手助けとなるので、自分の養育状況の詳細を知りたい [16]。

　1988 年にはイギリス国内において、ガスキンがケア記録の開示を申し立てた裁判が開始された。申立人であるガスキン氏が開示の一般原則に基づき、利用し得るべきものであると主張したのに対して、地方当局は、ガスキンへの開示と提出は公益（Public Interest）に反するため、記録開示容認に異議を唱えた。これは、児童保護事業の効果的作用という公益が、危険にさらされることを危惧したものである。児童保護に関する記録には、医師や学校の先生、警察官および保護観察官、社会福祉事業担当員、施設のスタッフ、里親など、ガスキンに関わった多くの人の記録が含ま

れていた。そのため、記録が公開されることにより、今後彼らのような人から率直な意見を聞くことが難しくなり、児童保護事業への効果的な作用という公益が損なわれることを懸念していた。結果として、判決は「公益が、記録の開示の拒否によって、よりよく機能することに疑いを持たない」として、開示を拒否し、その後ガスキンは、控訴するも棄却された。

　その後、裁判の場所はフランスのストラスブールにある欧州人権裁判所に移された。欧州人権裁判所は、1950 年にローマで調印され、1953 年に発効されたヨーロッパ人権条約の実効を保障するために、加盟国の人権侵害事件について判決を下すことになっており、加盟国は判決を履行する義務をもつ。ガスキン裁判は、1989 年 7 月 7 日の欧州人権裁判所で、ヨーロッパ人権条約第 8 条 [17] の「私生活及び家族生活に対して尊重を受ける権利」に違反しているとして、ガスキンに記録を開示するという判決が下された。これは、記録への継続的なアクセスが認められていないことが第 8 条に違反していると判断されたためである。

がアイデンティティの構築やトラウマを癒す役割などが述べられており、本稿でもそういった記録の役割に言及しているが、当然ながら児童福祉施設の記録は、過去の施設内での虐待の証拠としての役割など、証拠性という側面も兼ね備えている。

14　ガスキン事件の裁判についての詳細は、欧州人権裁判所 European Court of Human Rights のホームページで判例として確認することもできるが、和文では、佐藤潤一（2006）「自己情報開示請求権の一考察」に詳しい。

15　European Court of Human Rights. (1989). Gaskin Judgment of 7 July 1989.

16　同前：para.11.

17　ヨーロッパ人権条約の第 8 条「私生活及び家庭生活の尊重についての権利」は、以下の通り。第 1 項：すべての者は、その私的及び家庭生活、住居及び通信の権利を有する。第 2 項：この権利の行使については、法律に基づき、かつ国の安全、公共の安全若しくは国の経済的福利のため、また、無秩序若しくは犯罪防止のため、健康若しくは道徳の保護のため、又は他の者の権利及び自由の保護のため民主的社会において必要なもの以外のいかなる公の機関による介入もあってはならない──欧州評議会（1950）「人権及び基本的自由の保護のための条約（ヨーロッパ人権条約）」。

　このように、ガスキン裁判は、ケアリーヴァーだったガスキンが、彼が養育された施設や管轄していた自治体に対して記録の開示を求めたことが大きな意味をもったと同時に、ケアリーヴァーと記録の関係性が、「自分を理解する」というアイデンティティに繋がる役割を果たす可能性も示した。さらにガスキンの記録の開示を求めた裁判は、イギリスにおいて、ケアリーヴァーのケア記録へのアクセスを促進していくための 1 つの転換点となったと指摘されている [18]。

　イギリスでは、年間 6,000 〜 7,000 人が里親家庭や施設を退所し [19]、成人人口の約 1%に当たる約 40 万人が、社会的養護の下で養育されていた経験をもつ [20]。イギリスでは、児童法 The Children Act 1948 の施行以降、地方自治体において、社会的養護で養育される子どもそれぞれに正確な記録を作成し、保存することを義務付けた。彼らがケア記録にアクセスする際に、関係する法律としては、1987 年の個人ファイルへのアクセス法 The Access to Personal Files Act 1987、1989 年個人ファイル（ソーシャルサービス）へのアクセス規則 The Access to Personal Files (Social Services) Regulations 1989 があった。これらの法律により、地方自治体の管理するファイルに記録されている個人の情報について知ることが可能となり、1987 年の法律では、少なくともその施設出身者の 75 歳の誕生日までは記録が保管されることが規定された。しかし、これらの法律は遡及性を兼ね備えてなかったため、この法律が適用される以前の記録の多くは紛失や廃棄されてしまう結果となった。このような記録の保管やアクセス体制に変化をもたらしたのが、1998 年のデータ保護法 The Data Protection Act 1998 であった [21]。

　イギリスでは、その時既に 1984 年に施行されたデータ保護法 The Data Protection Act 1984 があったが、1995 年の EU データ保護指令（EU 指令）に従い、1998 年のデータ保護法 The Data Protection Act 1998 が制定された。1984 年に制定されたデータ保護法は、国の機関などの公的部門だけでなく、民間部門にも適用されていたが、1998 年のデータ保護法の下では、さらにケアリーヴァーは申請後 40 日以内に、施設で生活していた時のファイルの写しを手に入れることが可能となった。データ保護法により、地方

自治体がケア記録を保管し、維持し、アクセスを容易にするための場所として、明確な手順を持つことを要求されるようになったのである[22]。

　しかしながら、データ保護法というその言葉が表しているように、その目的はあくまでも個人のデータを保護することに重きを置いているため、ケア記録に記載されている当事者以外の家族や施設の他の子どもについては、第三者情報として情報を取得できない。そのため、ケアリーヴァーの請求した記録に第三者情報の記載があれば、その部分が黒塗り、または取り除かれた状態で、ケアリーヴァーに渡されることになる。しかし、第三者本人からの許諾（署名）が得られた場合、その情報を取り除かれない形で、請求者が記録を受け取ることができる。さらに、イギリスではそのケア記録を請求したケアリーヴァーやその記録に記載された第三者のどちらかに深刻な悪影響を及ぼす場合、地方自治体がその記録へアクセスを拒否することを許している[23]。

18　Kirton, Derek., et al. (2011). The Use of deiscreation in 'Cinderella' service: Data protection and access to child-care file for post-care adults: 914.

19　The Care Leavers' Association. (2014). The Needs of adult care leavers.

20　Shepherd, E., et al. (2020). Towards a human-centred participatory approach to child social care recordkeeping: 308.

21　2018 年 5 月 25 日から EU 一般データ保護規則 Genaral Data Protection Regulation： GDPR が適用されるのに伴い、より厳格なデータ保護を目指して、イギリスでは、1998 年データ保護法に代わる法律として、2018 年にデータ保護法が制定された。

22　Goddard, Jim., et al. (2013). Access to Child Care Records: A Comparative Analysis of UK and Australian Policy and Practice: 3–4.

23　対象者の身体的または精神的健康または状態に重大な損害を与える可能性がある場合、ソーシャルワーク目的で保持されているデータの開示を差し控える可能性があるという規定があるが、子どもの頃の情報を開示しようとする大人には、適用されない場合もある——The Care Leavers' Association. (2014). The Data Protection Act.

2.2　当事者団体ケアリーヴァーズ協会の取り組み
クリアマーク（CLEARmark）の導入

　2000 年にイギリスで設立したケアリーヴァーズ協会 The Care Leavers' Association：CLA は、ケアリーヴァーのための、ケアリーヴァーによる利用者主導の慈善団体であり、その使命は、現在の社会的養護のシステムを改善し、彼らの生活の至る所でケアリーヴァーの生活の質を向上させ、子どもとして、社会的養護で過ごした人々の社会認識のより良い変化のため、年齢にかかわらず、全てのケアリーヴァーの声を結集させることにある[24]。協会は様々なケアリーヴァー支援を行う一方で、ケアリーヴァーのための記録へのアクセスに関する活動も活発に行っている。

　2007 年には、ケアリーヴァーズ協会は情報公開法 The Freedom of Information Act の下、100 の地方自治体に対して記録のアクセスの実践に関する調査を行った。イングランドやウェールズで行われたこの調査では、2000 年から 2004 年の 5 年間、全くアクセスがない自治体もあれば、800 件のリクエストがあったと返答した自治体もあった[25]。これは、自治体の規模の問題ではなく、どのくらいの数のリクエストを受け取ったのか、そして、どのように処理したかを記録するための、自治体のモニタリングシステムの欠如が問題であった[26]。2007 年 6 月には、新たに「It's Our History, It's Our Right: Reclaiming Our Past.」（それは私たちの歴史、それは私たちの権利：私たちの過去を取り戻そう）というキャンペーンも開始した[27]。

　このキャンペーンは、①ファイルへのアクセスに対するケアリーヴァーの権利の意識の向上、②ケアリーヴァーへのこれら個人記録の重要性の意識の向上、③この分野で働く専門職の間で、これらの重要な記録にアクセスする上でのベストプラクティスの促進、の 3 つを目的としてあげ、イギリスのマンチェスターやバーミンガム、グラスゴーなどを訪問し、ケアリーヴァーへの聞き取りを行った。このケアリーヴァーへの聞き取りと地方自治体調査を反映し、「クリアマーク」が誕生した。

表2.1　クリアマーク獲得のためのチェックリスト

 地方自治体のためのチェックリスト
（Care Leavers' Association Access to Records Quality Mark Framework）

資格条件	証拠の好ましい受け入れの形式	どこで証拠を確認できるか
記録へのアクセスのケアリーヴァーの権利を、少なくとも一つのメディアで広報している。	・リーフレット、または ・ポスターのコピー ・適当なウェブページへのリンク ・コンタクト先の広報、または ・広告のコピー（去年の中から）	
ケアリーヴァーがこの情報への権利を持っているという認識に言及している。	・その言及のコピー ・この権利に明確に言及しているポリシードキュメント	
ファイルにアクセスすることの明白な重要性を認識している。	・認識の言及、または ・ポリシードキュメント、または ・〔アクセス〕促進の資料、例えば、ポスター、またはリーフレット	
公的に利用できる記録へのアクセス（ATR）ポリシーがある。	・ポリシーのコピー、プラス ・どのように、それが公的にアクセスできうるか、書かれた確認書	
受け付けた要求や行った対応についてのモニタリングシステムがある。（または、そのようなシステムに向け、明らかに動いていること）	・モニタリングシステムの無記入コピーや手順の概要、または ・実施のための明確なタイムラインがついた、そのようなシステムの実行のための作業計画	
プロセスを通じて、ケアリーヴァーに〔記録を〕見ることを奨励するための、簡潔で、利用しやすい文字やリーフレットを提供している。	・対応する手紙のコピーの例、または ・仮の対応の手紙、プラスして ・リーフレットのコピー	
評価フォームの利用を通じて、サービスの有効性をチェックする。	・その評価の紙のコピー、または ・オンラインの評価フォームへのリンク	

The Care Leavers' Association. CLEARmark Framework Cheklist (Local Authority)　ホームページより翻訳し作成。

24　The Care Leavers' Association. (2014). Vision & mission.

25　The Care Leavers' Association. (2014). CLEARmark: Access to Records Quality Mark.

26　同前。調査に応えた４分の１の自治体は、どのくらいの開示請求があり、どのように処理したかを記録していなかった。また他の４分の１の自治体は、ケアリーヴァーが記録にアクセスできる権利があることを公表していなかった。

27　同前。

　クリアマーク（CLEARmark）は、The Care Leavers Association new Access to Records Quality Mark の略称で、社会的養護で育った大人（18歳以上）に、記録へのアクセスサービスを行う全ての地方自治体や第三セクター機関（Voluntary agencies）を対象に、サービスの提供を推進していくためにつくられた認定制度である。記録を提供する地方自治体や第三セクター機関はクリアマークを獲得するため、チェックリストに則って［表2.1］[28]、自らの機関のアクセス支援サービスの証拠となる資料を添付して、ケアリーヴァーズ協会に送り、その後、協会で応募要件に合っていることを確認し、認定となる。

　この記録へのアクセスを促進するための認定制度は、ケアリーヴァーズ協会が策定したもので地方自治体全てに義務付けられているものではないが、情報を提供する側では、チェックリストに書かれた要件を満たしていくことで、ケアリーヴァーのために、記録へのアクセスサービスをより促進し、拡充していくことができる。また、記録へのアクセスを提供する組織が、ケアリーヴァーへの記録の重要性を理解し、彼らの声に耳を傾け、質の良いサービスを彼らに提供することを保証することは、ケアリーヴァーにとってアクセスしやすい環境をつくりだしているに違いない。

2.3　民間慈善団体バーナードスの取り組み
ケアリーヴァーへの記録の提供

　1867年に設立され、かつてはイギリス全土に90以上の孤児院を運営していた民間慈善団体のバーナードス Barnardo's も、ケアリーヴァーズ協会のようなケアリーヴァーへの記録へのアクセスのための支援活動を行っている。1970から1980年代にかけ、孤児院は廃止され、現在は里親委託や里親支援、障害者支援などのチャリティに事業転換しているが、現在もケアリーヴァー約37万人、養子縁組約6500人分の記録を管理し、記録の開示請求に応じ、彼らに提供している。バーナードスはケアリーヴァーからの記録へのアクセスに応えるために、組織の中にメイキングコ

ネクション（Making Connection）という部門を持ち、アーキビスト6.3人（常勤換算）、ソーシャルワーカー4.5人（常勤換算）を配置し、常時、各人18〜20件の案件を担当し、対応にあたっている[29]。このように、記録の開示に関して、アーキビストとソーシャルワーカーが立ち会うというケースは、日本の児童福祉施設や記録を保管や管理、利用を行っている公文書館、文書館では、まず見られない光景ではある。しかしながら、「家族と離れ、なぜ児童福祉施設で生活を送らなければならなかったのか」ということに関して、その答えが記された記録は、彼らの精神を一時的に不安定にさせる要素を含み、様々な葛藤が予測されるため、このような専門性を持つ者の人員配置は適切な対応であると言えるだろう。

3　オーストラリアにおけるケア記録へのアクセス

3.1　社会的養護で育った3つのグループとアーカイブズプロジェクト

　オーストラリアでは、20世紀の間、約50万人が孤児院などの社会的養護の下で暮らしていたと推定されている[30]。ここ数十年間で、オーストラリアの児童福祉施設の記録は当事者であるケアリーヴァーを含む様々な人たちから注目を集めるようになり、特に記録のアクセスとアイデンティティの関係に関心が寄せられている。

　オーストラリアにおいてケアリーヴァーの記録へのアクセスが増加した背景としてあげられるのが、3つのグループ[31]の存在である。1つ目とし

28　The Care Leavers' Association. (2014). ATR Quality Mark Framework Checklist.
29　2014年2月の状況——徳永祥子（2015）『ライフストーリーワーク論：社会的養護における新たな支援の実践展開と成立要件をめぐって』：114。
30　Rowell, Hilary. (2011). Reclaiming identity: Australia's response to children in care: 123.
31　Rowellが論文を発表した2011年の段階では、3つのグループに対する調査や政府の謝罪にとどまっていたが、2013年に、政府は新たに1950年代から1970年代初頭にかけて強制的に養子にされた人たち（Forced Adoptions）への謝罪を行った。

てあげられるのは、「盗まれた世代（Stolen Generations）[32]」と称される人々で、かつてアボリジニやトレス海峡諸島民の子どもだった人たちである。彼らは、1967 年のアボリジニ保護法などの強制隔離政策により、親や家族などから離され、孤児院などの施設や先住民ではない家庭で養子にされ、養育された。1980 年代より、行政による調査・報告が行われ、その後、連邦政府や州政府の資金により、政府の政策によって影響を受けた人々を支援するために、家族の追跡や再会サービス（Link-up services と呼ばれる）などが確立されている。

　2 つ目は、「忘れられたオーストラリア人（Forgotten Australians）[33]」と呼ばれる 20 世紀に、貧困、母子家庭、家庭崩壊などの理由により、孤児院などの児童福祉施設で養育された子どもたちである。そして、3 つ目のグループは、1618 年から 1970 年までイギリス政府の政策により、イギリスやマルタから「児童移民（Child Migrants）[34]」として北アメリカやオーストラリア等に送られた人々である。イギリスからの児童移民は、20 世紀中には約 1 万人がオーストラリアに送られたとされ、第二次世界大戦後も約 3500 人が送られたと推測されている[35]。2008、2009 年とオーストラリア政府が、3 つのグループに次々と謝罪する一方で、政府からの個人への経済的補償は行われなかった。その代わりに政府は、オーラルヒストリープロジェクト、博物館の展示、アーカイブズへのアクセスのワークショップ、そして、ケアリーヴァーに対する新しい情報やサポートサービスの紹介などに資金提供を行った[36]。

　オーストラリアにおける記録へのアクセスに関する法律は、連邦法で

32　国の人権機会均等委員会 Human Rights and Equal Opportunity Commission によって 1997 年に作成された *Bringing Them Home: Report of the National Inquiry into the Separation of Aboriginal and Torres Strait Islander Children from their Families (Bringing Them Home report)* は、先住民を含む 600 人以上のインタビューや 54 の提言を提供している。報告書では、「家族やコミュニティを追跡するために関係する政府や非政府記録は、破壊されるべきではない。（提言 21）」、「資金は、政府の記録局へ保存や索引付けのために、割り当てられるべきである（提言 22）」などの提言がなされた。

表 2.2 オーストラリアのケア記録へのアクセスに関係する法律

（州）	情報公開に関する法律	プライバシーに関する法律
Commonwealth	1982 年 Freedom of Information Act	1988 年 Privacy Act
Australian Capital Territory	2014 年 Information Privacy Act	2004 年 Human Rights Act
New South Wales	2009 年 Government Information (Public Access) Act	1998 年 Privacy and Personal Information Protection Act
Northern Territoty	2002 年 Information Act	
Queensland	2009 年 Right to Information Act	2009 年 Information Privacy Act
South Australia	1991 年 Freedom of Information Act	
Tasmania	2009 年 Right to Information Act	2004 年 Personal Information Protection Act
Victoria	1982 年 Freedom of Information Act	2000 年 Information Privacy Act
Western Australia	1992 年 Freedom of Information Act	

Find & Connect. (2011). The FOI and Privacy Laws in each state and territory. より作成。

33 オーストラリア元老院（上院）の調査により、2001 年 Parliament of Australia. *Lost Innocents: Righting the Record-report on Child Migration (Lost Innocents Report)* が作成された。報告書では、イギリス政府やオーストラリア政府、州政府、非政府組織によって保管していた記録に、アクセスし情報を見つける上で、児童移民が遭遇した問題の概要も述べられている。

34 2004 年 8 月には、オーストラリア元老院（上院）Senate Community Affairs References Committee がその報告書 *Forgotten Australians: a Report on Australians who Experienced Institution or Out-of-Home Care as Children (Forgotten Australians Report)* を発表した。委員会は、記録の場所を突き止め、アクセスすることが、ケアリーヴァー自身や彼らの他の家族のメンバーの両方のアイデンティティにとって、重要であることを認めた。

35 前掲注 30、Rowell, H. (2011): 126.

36 Swain, S., et al. (2012). We are the stories we tell about ourselves: Child welfare records and the construction of identity among Australians who, as children, experienced out-of-home 'care': 4.

定められている 1982 年の情報公開法 The Freedom of Information Act 1982 と 1988 年のプライバシー法 The Privacy Act 1988 (Commonwealth) があり、州やテリトリーのレベルでも類似の法律が、定められている［表2.2］。

　1982 年に制定された情報公開法は、主に政府や自治体の保管している個人の文書を閲覧したり、その写しを獲得したりする権利を明記している。また、ヴィクトリア州では、2000 年の情報プライバシー法 The Information Privacy Act は、社会的養護（out-of-home care）を提供していた民間組織にも適用される。この法律を適用する事で、個人情報の写しを閲覧し、取得することが可能になった。また、ノーザンテリトリーやサウスオーストラリア州、ウエスタンオーストラリア州では、テリトリーや州レベルでのプライバシーに関する法律を定めていない。

　この場合は、連邦法の 1988 年のプライバシー法 The Privacy Act 1988 (Commonwealth) を適用される。また、ニューサウスウェールズ州のように、1988 年のプライバシーと個人情報保護法 The Privacy and Personal Information Protection Act 1988 が州政府機関や警察や地方議会などの公的機関にしか適用されず、非政府機関（民間）によって集められた健康記録や私的情報には適用されない場合、1988 年のプライバシー法 The Privacy Act 1988 (Commonwealth) の連邦法を適用するケースもある[37]。

　こうした法律の整備がオーストラリアのケアリーヴァーの安定した記録へのアクセスを下支えする一方で、アーカイブズの分野からも記録管理や記録管理が果たすべき役割についての研究が行われるようになった。その 1 つが、2009 年から 4 年間にわたって行われていたフー・アム・アイ？（Who Am I?）プロジェクト（2009–2012）[38] である。プロジェクトでは、社会的養護を経験した人々のために、アイデンティティの構築に対してアーカイビングや記録管理の実践が果たした役割について調査しており[39]、オーストラリア研究評議会 Australian Research Council が 3 年間資金を提供し、メルボルン大学とオーストラリアカトリック大学、その他、施設を運営していた機関など、15 のパートナー組織が協力して調査にあたった。2010 年から 2012 年には、ケア記録の保管組織が自らを 5 段階評価する自己評

価ツールによって、組織の方針やスタッフ、コレクション管理と保管、保
存やシステムの障害復旧、アクセスと相互連絡の観点から、問題点をあ
ぶりだそうとした[40]。

3.2　フー・アム・アイ？（Who Am I?）プロジェクトと
　　　　レコードコンティニュアムモデル

　この「フー・アム・アイ？プロジェクト」の一つの結果が、ウェブサイ
ト「パスウェイズ（Pathways）」の開設である。パスウェイズは、1840年か
ら現在までにヴィクトリア州の社会的養護で養育された人々に対して、
歴史的なリソースを提供するサイトである。2009年12月にメルボルン大
学の eScholarship Research Centre：ESRC が開発したデータマネジメントシ
ステム Online Heritage Resource Manager：OHRM[41] を利用し、パスウェイ
ズは、公的知識空間（public knowledge space）としてウェブサイトを公開した。
このサイトは、ISAD(G)：General International Standard Archival Description
などのアーカイブズの国際標準を用いるなどの10の原則[42]を基礎として
構築している。

37　Find & Connect. (2011). The FOI and Privacy Laws in each state and territory.
38　序章注7、Centre for Excellence in Child and Family Welfare Inc. (2012).
39　Find & Connect. (2011). Who Am I? Project.
40　前掲注4、Downing, M., et al. (2013): 122.
41　OHRM は Find & Connect の他、Encyclopedia of Australia Science, The Australian Women's
　　Register などでも利用されている。商業的でなく、伝承的で、公的な目的で利用す
　　ると認められれば、許可の下、このシステムを利用できる。このシステムでは、
　　Encoded Archival Context for Corporate Bodies, Persons, and Families (EAC-CPF) XML
　　formatでデータをアウトプットできるため、オーストラリア国立図書館の Trove サー
　　ビスのような類似したシステムとのデータ交換も可能。
42　McCarthy, G. J., & Evans, J. (2012). Principles for archival information services in the public
　　domain.

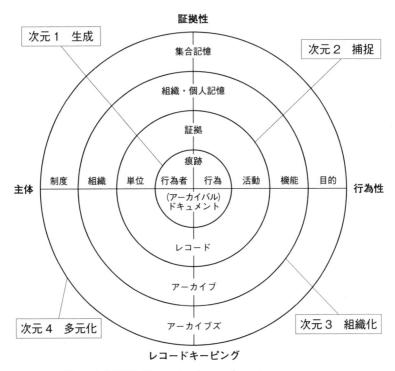

Upward, F. (1996). Structuring the records continuum part one.

図 2.1　レコードコンティニュアムモデル

　プロジェクトの中では、レコードコンティニュアムモデル[43]が重要な
役割を果たしている。レコードコンティニュアムモデルとは、オーストラ
リアのフランク・アップワード F. Upward によって発表された図式［図2.1］
である。図で示されたモデルは、円の中心から外側に「生成」「捕捉」「組
織化」「多元化」の4つの次元を表している。
　次元1の「生成」に包含されるのは行為（決定、伝達、行動）を実行する
行為者、行為そのもの、その行為を記録したドキュメント、ならびに痕跡、
すなわちその行為を表象するもの、である。次元2の「捕捉」は、個人
あるいは組織のレコード・システムにあたる。このシステムに捕捉される
ことにより、［行為のたんなる痕跡であった］ドキュメントは、組織内のある
単位が任務として社会的ないし業務上の活動を行った、その証拠として

の意味を付与されることになる。次元 3 の「組織化」は、レコードキーピング・プロセスの組織化である。ここでは、組織集団や個人が自らのレコードキーピングの領域をいかに明確なものとするか、そしてそのことによって、集団や個人のアーカイブズをいかに自らの組織活動や社会機能の記憶として構成し、かたちづくっていくかが問題となる。次元 4 の「多元化」は、アーカイブズが社会全体の（周囲を取り巻く）枠組みのなかに持ち出され、個人や組織集団が社会の中で制度的に担っている目的や役割についての集合的社会的記憶ないし歴史的文化的記憶となっていく次元である[44]。

　モデルは、レコードコンティニュアムの概念の手法と組織や社会におけるレコードキーピングの考え方を提供している。その特徴を述べると以下のようになる。

・コンティニュアムの鍵となる証拠、レコードキーピング、およびコンテキストという特徴を同定し、相互の関係を確定。
・レコードキーピング機能の多次元的な性質を表現。
・コンティニュアムのもつ証拠、レコードキーピング、およびコンテキストという特徴を、レコードキーピングの機能にかかわる次元と対照させて位置づける。
・広範な社会−法制度的環境、技術的環境に自らを置く[45]。

43　レコードコンティニュアムモデルについては、1996 年に発表されて以降、様々な文献の中で検証が進められており、詳細については、そちらに譲る——Upward, F. (1996). Structuring the records continuum part one. Post-custodial principles and properties; Upward, F. (1997). Structuring the records continuum part two. Structuration theory and recordkeeping.
44　マケミッシュ、スー著、安藤正人訳（2019）「Chapter 1 痕跡：ドキュメント、レコード、アーカイブ、アーカイブズ」：57–58。
45　マケミッシュ、スー著、坂口貴弘・古賀崇訳（2006）「レコードキーピングのこれから：きのう、きょう、あす：責任のコンティニュアム」：203。

　レコードコンティニュアムモデルについては、これまで様々なモデルが
提唱されてきたが[46]、ケイト・オニール C. O'Neill らは、レコードコンティ
ニュアムモデルが、「フー・アム・アイ？プロジェクト」に巻き込まれた
ケアリーヴァーを含む関係者に対して、極めて便利なモデルを提供した
と評価しており、それは、このモデルがアーカイブズをよく知らない人た
ちにとって、理解することが難しい一方で、ケアリーヴァーに関連する記
録の世界の複雑さや多様性を理解するフレームワークになったと述べて
いる[47]。それは、「ケア記録が、なぜ、どのように、様々な点で役に立つ
のか」ということを関係者が共有し、理解するために効果的であった。
特に言及されていたのが、このモデルの次元 4「多元化」についてである。
　バーバラ・リード B. Reed によれば、次元 4 は、「様々な外部への説明責任、
歴史的、組織横断的な目的のために、その記録が要請される限り、見直
され、アクセス、分析、保証されることが可能である[48]」としている。し
かし、いずれの次元においても、記録の作用を検討するとき、リードは、「記
録はあらゆる次元で存在するが、日常の業務では、自分たちの特定の業
務環境にあわせた特定の見方に着目する傾向にある[49]」ことを指摘して
いる。忘れられたオーストラリア人の記録のコンテキストにおいて、施設
の職員は、子ども個人の性格や達成度、熱中しているものや彼らの問題
についてはあまり記録してこなかった[50]という事実がある。それは、施
設の職員が施設で養育された子どもが施設を退所した後に記録を探しに
くるということを予知せず、あくまでも自らの業務の範囲内での使用を想
定しており、ケア記録がレコードコンティニュアムの次元 4 で示された組
織の外への説明責任を果たすことを意識してこなかったことを意味して
いた。そのため、この課題を「フー・アム・アイ？プロジェクト」の関係
者で共有し、記録が次元 3「組織化」にとどまっている状態から、次元 4
で社会的記憶として利用されることを目標として推進されたこのプロ
ジェクトは、関係者だけでなく、大きな影響を与えた。
　その成果の一つと言えるのが、「Find & Connect Australia」というウェブ
サイトである[51]。これは特に、忘れられたオーストラリア人と児童移民、

彼らの家族が、彼らの過去の情報と繋がるための入り口となるウェブサイトである。2011年11月に公開され、2013年に新たなデザインで運用が開始された。メルボルン大学とオーストラリアカトリック大学の歴史家、アーキビスト、ソーシャルワーカーのチームによって、オーストラリア政府の「Find & Connect services and projects」への資金 52 で運営されているこのウェブサイトは、個人情報や私的な記録（private records）は公開せず、主

46　ケアリーヴァーに関する記録とレコードコンティニュアムモデルの関係性について、ヴィヴィアン・フリングス－ヘサミは、ケアリーヴァーが記録にアクセスすることを試みるとき、ケアリーヴァーが巻き込まれたプロセスを従来のレコードコンティニュアムモデルに落とし込むことはできないと指摘し、新たなモデルを提唱している。新たなモデルでは、次元3の組織化と次元4の多元化の間に、新たな次元を設定している。設定された次元は、「Reclaim（返還要求、取り戻す）」で、ケアリーヴァーからの強い要求を表現する。一方で、エリザベス・シェパードらは、ロンドン大学を中心としたミラープロジェクト MIRRA：Memory-Identity-Rights in Record-Access の中で、参加型のレコードキーピングコンティニュアムモデルと潜在能力アプローチを合わせて使用している。参加型のレコードキーピングコンティニュアムモデルについては、2017年にモナッシュ大学のグレゴリー・ローランにより提唱され、和文では清原和之（2019）「オーストラリアにおける先住民の記録の管理と記憶の継承：レコード・コンティニュアム理論が拓く多元的管理の可能性」の論考においても取り上げられている——Frings-Hessami, V. (2018). Care leavers' records: A case for a repurposed archive continuum model;　Shepherd, E., et al. (2020). Towards a human-centred participatory approach to child social care recordkeeping; Rolan, G. (2017). Agency in the archive: A model for participatory recordkeeping.

47　O'Neill, C., et al. (2012). Access to records for people who were in out-of-home care: Moving beyond 'third dimension' archival practice.

48　Reed, B. (2005). Reading the records continuum: Interpretations and explorations: 21.

49　前掲注36、Swain, S., et al. (2012): 5. および、同前。

50　前掲注47、O'Neill, C., et al. (2012): 33–34.

51　Find & Connect のホームページ。

52　2010年、オーストラリア政府は、1年間で26.500万ドルの資金を Find & Connect 周辺のサービスに注入すると宣言し、初期の段階で300万ドル以上が、Care Leavers of Australia Network：CLAN をはじめとする団体に投資され、カウンセリング、アドボカシー、アウトリーチ活動、情報共有のために利用された——Find & Connect. (2011). Background.

に刊行されている出版物、パブリックドメインとなった資料、関係者が
公開に同意した資料のみが公開されている。このウェブサイトのコンセプ
トは、アイデンティティの確立の過程で関わったケアリーヴァーだけでな
く、彼らの生きた経験を理解したいと思っている地域社会の全ての人々
が、「Find & Connect Australia」のウェブサイトを通じて、その中にある共
有された意識を広げていく [53] ことである。こうしたツールを使い、関係
者のみならず広く意識の向上を働きかけることこそが、ケア記録がレコー
ドコンティニュアムモデルで語られる次元 4 の社会的記憶へと展開する
ことに繋がっていくと考えられる。

──当事者団体の活動からの学びと日本のこれから

　イギリス、オーストラリアは、過去に両国とも、政府の方針により社会
的養護における養育を児童福祉施設におけるケアに依存していた過去が
あった。既に両国とも施設養育から脱却し、家庭養育に移行したものの、
過去に施設で起こった虐待・実態調査（記録とアイデンティティの関係も含む）
は現在も行われている。そして、その過程において記録とアイデンティ
ティとの関係を多くの関係者が認識したことが、ケアリーヴァーだけでな
く、その周辺の関係者を巻き込んだ運動に発展し、現在の記録へのアク
セス体制の確立に繋がってきた。
　イギリスにおいてケアリーヴァーの記録へのアクセスを促進させる端
緒となったガスキン裁判は、社会的養護に関する記録開示が日本で行わ
れる場合にも起こりうるアクセスの障害が映し出されていた。日本でも、
社会的養護の施設に入所した子どものケースファイルには、ケースワー
カー、ケアワーカー、臨床心理士、学校の先生、家族の他のメンバー、
弁護士、警察官、近隣住民など、子どもに関わる様々な人の記録や証言
などが含まれる。その中で、記録に書かれた子どもに対しての率直な意
見を公開することが、イギリスの司法が判決を下したように「公益」が

損なわれると抵抗を抱く者も日本でも多いことが予想される。しかしながら、欧州人権裁判所の判決が示したように、社会的養護における記録にアクセスすることは、ケアリーヴァーの立場からすると「私生活及び家族生活に対して尊重を受ける権利」を行使することである。そのため、記録に含まれる第三者の個人情報を黒塗りするなどし、ケアリーヴァーに多くの情報を提供することが、社会的養護を提供してきた行政の責務とも言える。

　日本でも2001年に行政機関の保有する情報の公開に関する法律が施行されて、法律という側面では記録へのアクセスを促進する体制が整ってきたといえるが、ケアリーヴァーが容易にアクセスできる状況とは言いにくく、記録の管理についても多くの課題が山積している。こういった国内における記録へのアクセスを推進していくためには、記録を作成する施設の職員が、記録を組織の業務だけに利用するという考え方から脱却し、長期的な記録の利用を記録の作成段階から考えていく必要がある。

　近年、こうした日本の状況に光明を差しつつあるのが、ライフストーリーワークの導入である。日本の児童福祉施設では、ソーシャルワークツールとして、1970年代よりイギリスで実践されてきたライフストーリーワークを取り入れるようになった。特に児童養護施設や児童自立支援施設などの児童福祉施設などでは、活発に研修会が開かれ、実践事例も報告されるようになってきた。ライフストーリーワークの目的は、①知る権利の保障（真実告知を含む）、②アイデンティティの補強（不明瞭な事実を明確化、他者を介して自己像を確立）、③被害者体験のケアや消化などがあげられる[54]。このライフストーリーワークの前提となるのが、ライフストーリーワークの実践の基礎となる情報の収集、保管、保存である[55]。しかしながら、現在は情報の収集、保管、保存のための記録管理に各児童福祉施設が積

53　前掲注36、Swain, S., et al. (2012): 11.
54　徳永祥子（2011）「非行臨床におけるライフストーリーワークの実践について」: 47。
55　ライフストーリーワークを実施する上での記録の重要性は、イギリスの児童福祉

極的に取り組んでいるという状況とは言い難い。特に社会福祉の分野に
おいては、いかにライフストーリーワークに取りくむか、そのポイントに
比重が置かれ、児童福祉施設の資料の保管や保存に対する議論が置きざ
りにされてしまったような気さえする。

　一方で、ライフストーリーワークが浸透していくことで、資料の保存・
整理が進み、利用しやすい環境がつくられ、それに不可欠な資料の保存・
整理も施設の課題として職員が認識し、改善されていくことも考えられ
る。日本では、イギリスやオーストラリアのように、児童福祉施設への虐
待・実態調査によって、記録へのアクセスが進展するとは考えにくい。
そして、国内からのケア記録へのアクセスについて、ニーズがどの程度
あるのかということについては把握しきれていないのが実情である。その
ため、今後、社会的養護で生活する子どもやケアリーヴァーのニーズを
把握し、当事者たちの目的とその課題に合わせた記録管理体制の整備が
急がれる。

　　の分野でも強調されている――Humphreys, C., et al. (2012). 'Putting the heart back into
　　the record,' Personal records to support young people in care: 33.

第 3 章

イギリス（スコットランド）における
歴史的な虐待調査と組織の記録管理

2011 年公文書（スコットランド）法に与えた影響

はじめに――

　日本における子どもの虐待事件は後を絶たず、小さな子どもが命を落とす事件を目にすることは、残念なことに、目新しいことではなくなってしまった[1]。2019・令和元年に、児童相談所へ報告された児童虐待の相談対応件数は、10 年前と比較しても、3 倍以上（193,780 件）へと増加した[2]。統計を取り始めてから、この値は毎年増加している。このような児童虐待の現状は、日本に限定されたことではなく、いくつかの国では、国や地方自治体レベルで児童虐待に対しての大規模な調査が行われている。

　本章は、この数十年に公開された海外の児童虐待の調査報告書に関するものから、児童福祉施設[3]における児童虐待の報告書に対象を絞り、その施設の記録管理の問題点を浮き彫りにし、問題の改善に向けた法律の改正、社会の取り組み、アーキビストやレコードマネジャーの関与を考察するものである。特に 2011 年に施行されたイギリスのスコットランドの公文書（スコットランド）法 Public Records (Scotland) Act 2011 にも多大な影響を与えたとされる、*The Historical Abuse Systematic Review: Residential schools and Children's Home in Scotland 1950 to 1995*（The Shaw Report：以下、ショーレポート）を中心に、虐待調査報告書で指摘された児童福祉施設の記録管理や影響を与えた制度について分析していく（以下、ショーレポートからの引用に際し、収載ページ・パラグラフを〈　〉で示す）。

　ショーレポートを起点とした研究は、トロント大学のヘザー・マックニール H. MacNeil やウェンディ・ダフ W. Duff らのチームが、記録にアクセスしようとするケアリーヴァーに関する、ケア記録のもつ社会正義（social justice）の衝撃を訴える語り（ナラティブ）の特定と社会的養護の子どもの経験を歴史的な語り（ナラティブ）の構築の基礎として役立てるための記録

の可能性の検証がある[4]。

　一方で日本では、約4万5千人の子どもが社会的養護の下で生活をしており、彼らの約8割が児童養護施設をはじめとする児童福祉施設などで生活をおくっている[5]。近年、日本のこうした社会的養護を必要とする子どもたちを施設で養育することへの偏重が指摘され[6]、政府は、状況を改善するべく、「施設の小規模化と家庭的養護の推進」として、2015・平成27年から2029・平成41年までの15年間に施設、グループホーム、里親等の割合を3分の1ずつにしていく、目標を掲げている[7]。このように施設養育への依存が続いている日本では、児童福祉施設における虐待が報告されてはいるものの、スコットランドで行われてきたような、調査対象が複数の施設にわたるような規模で、児童福祉施設での記録管理の問題が報告された調査の事例はない。

1　子ども虐待防止のためのオレンジリボン運動を展開する、特定非営利活動法人児童虐待防止全国ネットワークによれば、「1990年代に入り、日本では次第に子ども虐待の存在が社会問題化し、メディアによる報道や民間団体による防止活動が活発化したことや、1994年に「子どもの権利条約」を批准したことなどが、社会問題化させる原動力となった」ことが要因としてあげられている——児童虐待防止全国ネットワーク「児童虐待防止制度」。

2　厚生労働省（2020）「令和元年度児童虐待相談対応件数」。

3　児童福祉施設とは、児童福祉に関する事業を行う各種施設の総称である。児童福祉施設の種類は、児童福祉法第7条に列記され、施設概要については、第36条から第44条の2で定められており、助産施設、乳児院、母子生活支援施設なども含まれる。

4　研究では、文献調査、インタビュー調査、公文書館で保管される記録の調査を実施し、記録の肯定的な側面と否定的な側面についての分析も行っている——MacNeil, H., et al. (2018). If there are no records, there is no narrative: The social justice impact of records of Scottish care-leavers.

5　厚生労働省子ども家庭局家庭福祉課「社会的養育の推進に向けて　令和3年5月」: 2, 29.

6　序章・注36（13頁）を参照。

7　厚生労働省雇用均等・児童家庭局長（2012）「雇児発1130第3号 児童養護施設等の小規模化及び家庭的養護の推進について」

　本章において、児童福祉施設の虐待調査報告書の中の記録管理の課題について取り上げるのは、施設内での虐待を契機として露呈した記録管理の問題点が、海外のみならず、日本の多くの児童福祉施設が抱えている共通の課題であると想定したからである。かつては、社会的養護の子どもたちの養育を施設に依存していた欧州の国々の児童福祉施設が抱えていた記録管理の課題は、虐待の報告書の中でどのように訴えられ、それは、社会にどういった影響をもたらしたのか。そこから、日本の児童福祉施設における記録管理は、何を学ぶことができ、日本の制度の中へ適用できるのか、検討していきたい。

1　児童虐待と記録に関する調査
ショーレポートから浮上した記録に関する課題

1.1　スコットランドにおける児童虐待調査の着手

　スウェーデンの思想家であるエレン・ケイ E. K. S. Key は、1900 年に刊行した『児童の世紀』の中で、「20 世紀は児童の世紀である」と論じた [8]。それから約 20 年後の 1924 年には、国際連盟が「児童の権利に関する宣言（ジュネーブ宣言 [9]）」を採択した。この宣言により、子どもたちの、身体的・道徳的・精神的発展のための手段を持つ権利、飢え・病気・障害を負ったとき・孤児になったときに特別な支援を受ける権利、危機に際して最優先で支援を受ける権利、経済的搾取からの解放、及び社会的責任感を身に付けるための教育を受ける権利が確立された [10]。その後、第二次世界大戦を挟み、1959 年には、国連総会において、「児童の権利に関する宣言 [11]」、1989 年には、「子どもの権利条約 [12]」が採択された。

　本論で取り上げるショーレポートが公開された 2007 年には、国連子ども特別総会の開催から 5 年を振り返るフォローアップ会議が開催され、「子どもに関する宣言」が採択されている。「子どもたちは、未だ社会において、

最も価値あるグループである。彼らを尊重し、ケアし、保護し、彼らのニーズや権利を認識し、それに応えることが私たちの責任である〈1〉」とショーレポートでも論じられているように、この報告書は虐待調査報告書であるが、その目指すところは、子どもの権利の保護であり、そのために他の国の経験から学び、虐待をどのように認識し、虐待された人々へどう対応し、どのように虐待を防ぐか〈1, para.8〉ということがその根底にある。

　児童福祉施設における児童虐待と記録に関する調査は、既にいくつかの国で報告されているが[13]、その中でも、近年一際注目を集めたのが、ショーレポートと呼ばれる虐待調査報告書である。1950年から1995年の間に、児童福祉施設に措置された子どもの虐待について調査した、この報告書では、記録とアイデンティティの関係や記録管理の不十分さが指摘され、2011年にスコットランドで施行された公文書（スコットランド）

8　ケイ、エレン著、小野寺信・小野寺百合子訳（1979）『児童の世紀』。

9　1924年9月26日の「児童の権利に関する宣言（ジュネーブ宣言）」は、1919年にイギリスで「セーブ・ザ・チルドレン基金」を創設したエグランティン・ジェッププ Eglantyne Jebb によって起草された。しかし、乙訓稔によれば、「宣言には、ケイの子どもの権利論が反映され、盛り込まれていると考えられるのであり、いわば国際連盟の「ジュネーブ宣言」はエレン・ケイの子どもの権利論の展開と言えるのである」と論じられている――乙訓稔（2009）「子どもの権利論の系譜と展開：E・ケイとJ・コルチャックを焦点として」：65。

10　ユニセフ・日本ユニセフ協会（2010）『世界子供白書：特別版2010（「子どもの権利条約」採択20周年記念）（日本語版）』：2。

11　1959年の「世界人権宣言」の精神に従って採択された「児童の権利に関する宣言」は、全文10条からなり、差別からの解放などの権利と、氏名と国籍を持つ権利などが認められた。また、第9条では、子どもの放任、虐待、搾取からの保護と児童の売買や有害な若年労働の禁止が掲げられた。

12　「子どもの権利条約」は、子どもたちに関連する権利全体（経済的、社会的、文化的、市民的、政治的権利）について明言した最初の法律文書で、締約国は、すべての子どもたちの権利を確実に実現する法的義務を負っている。2016年8月30日現在で締約国は196か国で（アメリカは条約に署名はしているが、批准していない）、条約の実行と進捗状況報告の義務がある。

13　児童福祉施設における児童虐待と記録管理、その記録管理と施設出身者とのアイデンティティについて書かれた報告書は、ショーレポートの他にも、2007年の

法や記録管理にも多大な影響を与えたとされている [14]。

　まず、ショーレポートで報告された虐待調査の背景について、概略を示しておく。2004 年 12 月 1 日にスコットランド議会で開かれた討論会において、公共の請願委員会 Public Petitions Committee が代表となり、過去に施設内で起こった児童虐待を調査しようとする申し立てが行われた。その議論に先行して、首相のジャック・マクコーネル J. McConnell は、「子どもたちは、愛情、ケアや保護を受けたいと望んでいた、まさにその場所で、身体的、感情的、性的な虐待で苦しんでいた。傷つきやすい若い人々のそのような虐待は――いつであろうとも、どこであろうとも起こる――遺憾であり、容認できず、許し難い〈9〉」と語っている。教育・青年省の大臣 Minister for Education and Young People のピーター・ピーコック Peter Peacock は、この問題を解決することを約束し、これが直接的なショーレポートの端緒となった。ピーコックは、「その時の法的な要求事項や、それらの要求の実施を絶えず監視するための適切なシステムを独立して分析するため、そして実際問題として、どのようにモニタリングが実行されたかを分析するために、経験を持った誰かを任命するつもりである〈9〉」と発言した。こうして、独立した調査を任命されたのが、北アイルランドで教育と訓練の主任調査官 Chief Inspector of Education and Training を務めていたトム・ショー Tom Shaw であった。

1.2　ショーレポートの構成と概要

　2007 年 11 月、スコットランド議会より任命を受けたトム・ショーの独立した調査 [15] として報告されたショーレポートは、レジデンシャルスクールやチルドレンズホーム [16] を管理する法律やルール、規則などの制度面についても検証しており、序章から第 7 章と付属書から構成されている [17]。第 5 章では、スコットランドにおけるレジデンシャルスクールやチルドレンズホームの記録（Chapter 5: Records of residential schools and children's homes in Scotland）について扱っており、本書においても、報告書の第 5 章を中心に

取り上げる。

　第 5 章では、(1)なぜ記録が重要なのか、(2)調査を遂行する上で直面した課題、(3)記録にアクセスしたケアリーヴァーの経験、(4)記録についての法律の背景、(5)発見したことへの調査の探究、の 5 点について言及されている。

　　スコットランド政府の調査報告書や、2009 年に最終報告書が出された 5 巻 2,600 ページにも及ぶアイルランド政府の調査報告書等がある。アイルランドの調査では、1936 年から 1960 年の期間の児童ファイル 27,000 件の紛失が確認された。
　　The Scottish Government. (2009). Independent Inquiry into Abuse at Kerelaw Residential School and Secure Unit;　The Government of the Republic of Ireland. (2009). *Report of the Commission to Inquire into Child Abuse.*
14　例えば、ショーレポートの公的な記録管理体制への影響についての研究は、MacKenzie, G. (2012). Impact of the Shaw Report on public record-keeping. などがあげられる。
15　実際の調査では、研究者のナンシー・ベル Nancy Bell と法律の研究者ロディ・ハート Roddy Hart の 2 人が、彼をサポートした〈9〉。
16　ショーレポートに付属する用語集（Appendix 6）によれば、レジデンシャルスクール（residential school）は、「敷地内に教育施設を併設し、家から離れて保護された子どもたちのための居住の宿泊設備」として定義される〈179, 279〉。ショーレポートでは、チルドレンズホーム（children's homes）は、Berridge (1985) の定義を引用し「両親の保護下にない子どものための、広義の住居提供であるとされており、チルドレンズホーム（children's homes）の分類の中には、多くの異なる種別がある」としている。また、報告書の第 2 章では、「子どもたちのために、地方自治体によって彼らを保護する上で、提供された家や自発的な寄付によって援助された家」と定義している〈279〉。
　　日本においては、レジデンシャルスクールは、寄宿学校や児童自立支援施設、チルドレンズホームは、児童養護施設に該当すると思われるが、ここでは、より広義に解釈できるように、英語の日本語読みで表記した。
17　ショーレポートの内容構成は、以下の通り。序章、第 1 章：背景、第 2 章：規制の枠組み、第 3 章：規制の枠組み：検証、結論、推奨、第 4 章：コンプライアンス、モニタリング、調査、第 5 章：スコットランドにおけるレジデンシャルスクールやチルドレンズホームの記録、第 6 章：ケアリーヴァー（前の居住者）の経験、第 7 章：結果と推奨、最終見解。

1.3　スコットランドにおけるレジデンシャルスクールや
チルドレンズホームの記録

(1)　なぜ記録が重要なのか

　ショーレポートでは、記録は過去から学ぶために、そして、ケアリーヴァー、組織、社会の歴史にとって重要であるということが示された。記録から過去を学ぶということは、記録の内容にかかわらず、よく耳にすることであるが、この報告書では、「子どもたちのレジデンシャルサービスの記録は、子どもたちの安全と福祉を保障することの重要な一部である。それは、施設で生活した人々にとって、アイデンティティを確認するために欠くことができないものだ〈117, para.7〉」と述べられている。子どもたちの安全と福祉という観点では、記録が適切に管理されることで、子どもたちの生活に関する現在や過去の方針や実践を評価し、向上させることができる。また、記録は施設で育った子供たちにとって、彼らの知らない家族の歴史をもたらし、帰属意識を持たせる役割を果たすといえる[18]。

　組織としての記録の重要性は、それらが共通の記憶として維持され、組織の外への説明責任のために重要であることがあげられる。さらに記録は、組織の内部や外部の現状や歴史の分析、調査、監査などに利用することも可能である〈119, para.1〉。また、社会に対しては、スコットランドの歴史をより良く理解するのに役立つ一方で、子どもたちの居住施設で起きた虐待に関する調査が十分に行われていないため、記録が調査のギャップを補い、子ども時代の経験についての歴史的な知識を与えてくれる〈119, para.3〉。そして、このような社会の探求が、施設で起こった事や施設の生活を改善するために必要な変化のための情報を与えてくれる〈同前〉ことを報告書では示している。

(2)　調査を遂行する上で直面した問題

　虐待調査を遂行する上で、トム・ショーをはじめとする調査員たちは、数々の困難に直面した。調査チームは、当初、調査に関する全ての情報は、

旧スコットランド省 The Scottish Office [19] の記録の中に見つけられると推測し、地方自治体、民間、宗教組織も、調査に利用可能な情報を保管しており、公的にそれらが利用できるものだと考えていた〈119, para.7〉。

　この調査に際して、地方自治体や組織が調査員に対して、情報にアクセスすることを支援するという法的な取り決めはなかったが、2004年12月1日に、スコットランド議会で開かれた施設の児童虐待に関する議論の中で、教育・青年省の大臣であるピーター・ピーコックが、地方自治体や組織のファイルを調査に対して公開することを奨励した[20]ことで、多くの地方自治体や組織はそれに応じる形となった。それでも、レジデンシャルスクールとチルドレンズホームの過去の虐待を調査する上で、調査員が直面した課題は、報告書で数多く指摘されている［表3.1］。それらの課題のいくつかを見ていく。まず、「基礎的な情報をどのようにして見つけるか」ということについては、中央政府のデータベースが、子どもたちの居住施設の名前、場所、入所した日、目的、または管理の体制を記録しておらず、さらには、どんな記録が子どもたちのレジデンシャルサービスと関係しているのかということや記録の場所も確認できなかった〈119, para.11〉。また、［表3.1］の4の「どの記録が存在しているのか」という課題については、どの記録を残し、またはどれを廃棄すべきなの

18　子どもたちの人生は、家族の他メンバーから集められた語り、写真アルバム、他の記憶に値する事柄（記念の品）から獲得される。（対照的にケアリーヴァーは、彼らの子ども時代からの写真を持っていない、または少しの写真しかない。）誕生日、記念日、洗礼式や他の家族の行事は、多くの者にとって、家族の思い出やアイデンティティが定期的に呼び起こされ、補強されて、人生の一部になる。一方で、ケアリーヴァーにとってはこうしたアイデンティティの補強構造をもつ可能性は低いことが指摘されている——Goddard, Jim., et al. (2007). Memories, Childhood and Professional Power: Accessing the Care Files of Former Children in Care: 24.

19　スコットランド省 The Scottish Office は、1885年から1999年まで存在したイギリスの省庁の一つである。

20　The Scottish Parliamentary Corporate Body. (2004). Wednesday 1 December 2004, Meeting of the Parliament: 12398.

表 3.1　虐待調査で調査員が直面した課題

1	基礎的な情報をどのように見つけるか
2	「レジデンシャルスクール」、「チルドレンズホーム」の定義
3	居住支援の複雑な状況
4	どの記録が存在しているのか
5	公文書の定義
6	記録は常にオープンアクセスではない
7	何が関連する記録なのか
8	どこで記録は保管されているのか
9	どのくらいの量の記録が施設や組織にあるのか
10	どんなタイプの記録が保管されるべきか
11	記録に対する様々な態度

（ショーレポート）The Scottish Government. (2007): 119–121. より作成。

かというレコードスケジュールが存在しなかったこと、その要因として、
法律が記録を保存するためのレコードスケジュールを要求しなかった〈120,
para.3〉ことが挙げられた。このような脆弱な記録管理は、記録の紛失、廃
棄、または、最初から記録を作成しないことを意図していた〈同前〉。［表 3.1］
の 5 の「公文書の定義」に関する問いは、ショーレポートの指摘の中で、
公文書（スコットランド）法の見直しと直接的に結びつく課題である。こ
の報告書で示された「公文書」とは、1937 年の公文書（スコットランド）
法の下での特定の意味を持つ文書である。記録の開示については、2002
年のスコットランドの情報公開法 The Freedom of Information (Scotland) Act や、
1998 年のデータ保護法 The Data Protection Act の対象になるために、記録を保
管する組織や政府が、それらのファイルを進んで開示するということが
難しく、調査に対しても、子どもたちのレジデンシャルサービスに関係す
る全ての記録に自由にアクセスすることを認めることが困難であった〈120,
para.4〉と言及している。

(3)　記録にアクセスしたケアリーヴァーの経験

　ショーレポートでは、記録にアクセスしたケアリーヴァーの体験とともに、彼らの期待した記録が施設の保管する記録の中には含まれなかったことにも言及されている〈121–123〉。特に、個人の記録へのアクセスの体験から、それらの事実が明らかにされた事は、大変興味深い。同様の事は、他の虐待調査でも言及されている。それは、2009 年 10 月に、スコットランドの国立公文書館 The National Archives of Scotland[21] がスコットランド議会に提出した、ショーレポートに関する報告書[22] に示されている。国立公文書館がショーレポートとの比較対象とした虐待調査報告書は、スコットランドの西海岸の町、ノースエアシャー North Ayrshire にあるケレロー教育訓練・寄宿学校 Kerelaw Residential School and Secure Unit における調査と、教会が運営する施設内での虐待をアイルランド政府が調査した報告書の 2 つである[23]。後者では、自分の記録を見つけたケアリーヴァーが、記録に書かれていた自分の名前が間違っていたことなど、これまで自らが知らなかった事実を、情報公開法の下、記録を見たことで明らかとなった体験が語られた[24]。この経験のように、施設の中で生活を送ってきた彼らの多くは、正確な出生名（birth name）や誕生日、出生地などの基礎的な情報さえも知らないことが報告されている[25]。これは、アイルランドの調査の事例に限られた事ではなく、日本においても、施設で育ったケアリーヴァーの中に

21　2011 年 4 月 1 日より、General Register Office for Scotland：GROS と National Archives of Scotland：NAS が合併したことによって、National Records of Scotland：NRS となっている――National Records of Scotland. (2021).

22　The National Archives of Scotland. (2009). *Report to Scottish Ministers on the Recommendations of 'The Report into the Historical Abuse Systemic Review of Residential Schools and Children's Homes in Scotland, between 1950 and 1995' by Tom Shaw, as submitted by the Keeper of the Records of Scotland.*

23　同前：18, para.9.2.

24　The Government of the Republic of Ireland. (2009). *Report of the Commission to Inquire into Child Abuse, Report Vol. III Confidential Committee*: 189, para.9.248.

25　同前。

は、「過去の記憶が曖昧になり、自分の出自に関する情報が十分与えられ
ないままになってしまう場合がある」ことが指摘されている[26]。そうした
彼らの状況を鑑みても、ショーレポートで彼らが記録を発見するまでの
過程や記録を読んだ経験の中で障害となったこと、明らかにされたこと
を認識しておくことは、彼らの経験を今後の記録の管理に生かすという
意味で重要な視点である。

(4)　記録についての法律の背景

　ショーレポートが対象とした 1950 年から 1995 年という調査期間は、長
期にわたるものである。また、施設で生活する子どもたちの記録は、様々
なところで作成されていた。それは、子どもたちに居住施設やサービス
を提供している運営組織の形態が異なることもその一因である。調査で
は、サービスを提供していた自治体や第三セクター組織 (Voluntary sector)、
宗教組織、中央政府などが、法律に則り、記録を作成する責任があった
ことにも言及している〈123, para.7〉。そこで、報告書では対象期間を 3 つ
の期間 (1950 年から 1968 年、1969 年から 1995 年、1995 年以降) に分け、児童福
祉施設の記録作成に関する法律と、その法律がどのような記録を作成し
ていたのかについても明らかにしている［表3.2］。

　さらに報告書では、1937 年の公文書 (スコットランド) 法についても
分析を加えている。報告書の中で 1937 年法は、その管理対象が制限され
ており、また時代遅れとも指摘されている〈125, para.5〉。また、法律に「公
文書」の定義がないため、「公文書」と「私文書」を明確に理解すること
を難しくさせており、これらが記録を保存する立場にある人々や記録へ
アクセスする権利がある人々に深刻な影響を与えている〈同前〉ことにも
言及された。1937 年の公文書 (スコットランド) 法は、裁判所、行政府
の部門、政府関係機関や国民保健サービス National Health Service：NHS など

26　山本智佳央 (2011)「施設で暮らす子どもたちの『生い立ちを知る権利』を支援
　　する：真実告知とライフストリーワークの試み」：56。

表 3.2 児童福祉施設に関連する法律と作成される記録に含まれる情報

期間	法律	含まれる情報
I 1950– 1968	· The Children and Young Persons (Scotland) Care and Training Regulations 1933. · The Approved Schools (Scotland) Rules 1961 · The Administration of Children's Homes (Scotland) Regulations 1959. · The Voluntary Homes (Return of Particulars) (Scotland) Regulations 1952. · The National Assistance Act 1948. · The Remand Home (Scotland) Rules 1946.	· 入所した、退所した全ての子どもたちの記録 · 子どもたちの個人記録 · 調問、調査、処罰や法律が「記録されるに値する」と述べている、または、重要だと考えられる、他の出来事の詳細を含む日誌 · 学校に出席する子どもたちの登録簿 · メディカルヒストリー、なぜ子どもたちが施設に入所したのか、両親、親類、友人の訪問のような詳細が記載された個人史 · 個人のファイルに入れられる両親や後見人からの手紙 · 食べ物の記録―日常の食べ物が子どもないし分のないものかどうか判断するのに十分な詳細をもったもの · 生徒の脱走毎の記録
II 1969– 1995	· The Social Work (Residential Establishments - Child Care) (Scotland) Regulations 1987. · The Secure Accommodation (Scotland) Regulations 1983. · The Secure Accommodation (Scotland) Amendment Regulations 1988. · The Residential Care Order (Secure Accommodation) (Scotland) Regulations 1988.	· 子どもたちが入所選択のためにとった手順 · 施設に入所・退所したこどもたちの詳細 · スタッフ、子どもや両親のための記録へのアクセスに対する手順 · 施設で生活する間の児童の福祉についての決定における子どもたちや両親の関与についての記録 · 居住する全ての子どもの健康に関する詳細を含む記録 · 重要で、公的な出来事や懲戒処分を含むその他の詳細を詳しく書いた日誌
III 1995 以降	· The Children's (Scotland) Act 1995 Regulations and Guidance. · The Arrangements to Look After Children (Scotland) Regulations 1996. · The Secure Accommodation (Scotland) Regulations 1996. · The Residential Establishments - Child Care (Scotland) Regulations 1996.	※1995年以降の内容については、調査の範囲外となるため、情報については省略

（ショーレポート）The Scottish Government. (2007): 123-125. をもとに作成。

の一部に適用が限定され、第三セクターの組織や宗教組織への適用が除外されていたのは勿論のこと、地方自治体、国民保健サービストラスト（NHS trust）、大学などへの適用もされていなかった〈125, para.7〉。特に、福祉事業でよく見られる、公的資金を受けて活動する民間団体についても、どのような記録が作成され、保存され、見ることができるのか、特定ができなかった〈同前〉。これら浮き彫りとなった問題点は、調査員たちが、1937年の公文書（スコットランド）法を改正する明確な必要性を結論づけるのに十分であった。適切な公文書管理に関する法律の欠如は、地方自治体がそれらの記録をどのように扱い、管理していくのか、一貫して遂行していくための指針が存在しないことを示唆していた。

⑸　発見したことへの調査の探究

　さらに調査を進めるため、ショーたちは、地方自治体と第三セクターの組織や宗教組織にアンケート調査やインタビューを実施し、その結果を分析した。子どもたちの居住サービスに関して、どんな記録があるのかを調べる調査票は、地方自治体の全てのアーキビストにも送られた〈128, para.1〉。調査内容は、施設の開設や閉鎖された時期、場所、在籍人数などの施設に関する基本的な質問から、提供されていたサービスの種類、どのような記録やガイドラインを持っていたかなど記録に関するものにも及んだ〈128, para.2〉。この調査の回答に関して、調査チームは、第三セクター、宗教組織、地方自治体の運営団体毎に分けて分析した。これらは、調査側が接触できた組織を対象にしているため、調査対象の期間に子どもたちへの居住サービスを提供していた全ての組織の実態について把握できたとは言い難い。しかし、設立体系の異なるこれらの組織に関する調査では、各々の課題が発見されることとなり、回答結果は、ショーレポートの提言にも反映されている。

　a. 第三セクターの組織
　調査の中で、子どもたちへの居住サービスの提供を行っていた組織の

内、接触できたのは、6つの組織で、それらの多くが組織改編や移転を経験しており、施設についての重要な情報がどこにあるのか、場所の特定が難しいこと〈128, para.4〉が確認された。また、いくつかの組織では、記録を管理するためにアーキビストを雇っているところもあった〈同前〉。その他に、調査による第三セクターの課題として、以下があげられた。

- ・スタッフや時間の欠乏
- ・種別ごとに記録を探せないこと
- ・何が「関係する」情報か決めることの難しさ
- ・不十分なファイリング
- ・内容が情報に乏しいために、限られた価値しかない業務日誌
- ・訴えを記録するシステムの欠如、そのため、何一つ記録されていない
- ・様々な場所で記録を保管している〈同前〉

調査では、一般的に、子どもたちのサービスに関する記録は、場所を特定することが難しいか、または、記録そのものが存在していなかった〈同前〉と結論づけられた。

b. 宗教組織

　調査を行った16の組織の内、いくつかの組織では、彼らが管理していたサービスについて具体的で詳細な情報を持っていたが、中にはわずかな情報しか保管していない、情報が全くない場合もあった〈128, para.8〉。また、いくつかのレジデンシャルスクールは、閉鎖された時に、記録をどうするか、ということについての方針が欠如していた。ある組織では、7年間という大変短い期間で記録を廃棄するという方針を持っていたところもあった〈128, para.9〉。さらに、ラベリングに一貫性がなく、いくつかの記録は、箱に、又は、棚に置かれ、整理されていない状態であった〈同前〉。他にあげられた課題については、以下の通りである。

・複数の場所で保管していた記録
・スコットランドに関する記録が、プロジェクトのために、イングランドにある記録と統合
・無計画な歴史的レコードキーピング
・火事や洪水の影響〈同前〉

c. 地方自治体

　32 の地方自治体に出された質問への回答は、15 の地方自治体から返答があった。また、調査結果の冒頭、スコットランドでは、1975 年と 1996 年に施行された地方自治法 The Local Government Act により、行政再編の影響〈129, para.4〉があったことにも言及されている。地方自治体の調査から、地方自治体の行政部門とアーカイブズとの間の関係が一様ではないことが明らかにされた。行政部門の中には、地方自治体のアーキビストと連携し仕事をしている者もいれば、記録を捜索するためにアーキビストに接触しなかった、または、アーキビストを巻き込むことに抵抗する者もいた〈129, para.7〉。さらに調査では、調査対象期間の 1950 年から 1995 年の間、子どもたちの居住施設に関する中央政府のデータベースがなく、子どもたちの施設が、機能や管理、場所さえも変化していることから、子どもたちの居住施設が閉鎖された場合、記録や子どもたちのファイルの管理に何が起こったのかを把握することが困難である〈129, para.8〉ことが判明した。報告書では、この他にも以下を課題としてあげている。

・大量の記録が、様々な場所に置かれていた
・地方自治体の再編で移動した記録の場所や記録の存否についての混乱
・記録の目録を作成するシステムがないので、他の記録に埋もれてしまった
・地方自治体間で記録を管理するための一貫した方法がない〈129, para.9〉

　d. 地方自治体のアーキビストからの回答

　さらに、地方自治体のアーキビストからの回答を読み解くと、問題の複雑な図式が見えてきた。

- ・アーキブズ機関が子どもの居住施設に関する記録を保管していないので、地方自治体の行政部門から情報を得ようと試みたが失敗した
- ・1996 年以降の全ての記録が再生紙なので、長期に残る見込みがない
- ・ある地方自治体は、最初の専門家のアーキビストを 1986 年に任命した
- ・アーカイブズ資料は、部分的にリスト化されただけで、子どもの居住施設に関係するアーカイブズ資料を確認することは不可能である
- ・全ての地方自治体がレコードマネージャー、またはレコードマネジメントシステムを設置しているわけではない。いくつかでは、個々の部門でそれらの記録を管理、保管している。他には、複数のシステムが存在する〈130, para.3〉ところも報告された。

　これらのアンケートやインタビューの調査結果からあげられた課題は、特に、第三セクター組織、宗教組織、地方自治体に限定されたものであるとは考えにくく、いずれの組織にも潜在的に潜む課題であるように考えられる。また、地方自治体のアーキビストからは、実務に関する問題点があげられており、アーカイブズが行政部門との連携に四苦八苦する様子、専門職の配置の遅れなどが指摘された。

2　ショーレポートからの記録管理に関する提言

　調査結果を踏まえて、ショーレポート第5章及び第7章では、記録について提言を行っている〈130; 153, para.1〉。報告書では、「ケアリーヴァーが、彼らのいた場所に関する記録や情報にアクセスできることを保障するため、歴史的な記録を保存する措置を講じる緊急の必要性を指摘〈156〉」しており、[表3.3]に示す6つの記録に関する提言がなされた。2008年2

表3.3　ショーレポートの記録に関する推奨

1	政府は、スコットランドにおける記録や情報のニーズに合わせて起草される、新しい法律に通ずる、公文書法の見直しを命ずるべきである。これは、法律が人々の適切な記録へのアクセスを妨げないことを明確にするべきである。この見直しの目的は、公的資金で運営された子どもたちへサービスを提供している民間や非法定の機関によって保管された、重要な記録の永久的な保存の必要性を言及するだろう。
2	過去や現在の子どものサービスに対して責任がある、全ての地方自治体や公的資金で運営されていた組織は、スコットランド大臣から出されたセクション61の記録管理に関する実践の規則（the Section 61 Code of Practice on Records Management）を利用し、2002年のスコットランドの情報公開法（the Freedom of Information Scotland Act 2002）の下、スコットランドのインフォメーションコミッショナーや記録の管理者と協議して、着手するべきである。
3	専門的な記録管理の実践や手順に関するトレーニングは、子どものサービスを提供するすべての組織や地方公共団体が利用できるべきである。これは、国立公文書館（NAS）または、スコットランドのインフォメーションコミッショナーによって、提供されるかもしれない。
4	政府は、子どもの歴史的な居住サービスの記録という特定の問題を扱う、国のレコードワーキンググループ設立のために、国立公文書館（NAS）を招聘するべきだ。
5	協力して働いているボランティア組織、宗教組織や地方公共団体は、それら子どもの居住サービスの記録に容易にアクセスできるよう、適切に目録化されることを保証するために、手引き（ガイダンス）を依頼するべきである。
6	記録管理の実践は、子どもの居住施設と関連した記録、特に、子どもの福祉と安全をモニタリングすることに関連した記録が保管されるところで、定期的に評価されるべきである。これに対して、ケアコミッションが責任を負うことを考慮することを推奨する。

（ショーレポート）The Scottish Government. (2007): 156–157. より作成。

月、スコットランド議会で児童・幼児大臣 Minister for Children and Early Years の
アダム・イングラム Adam Ingram が、「ショーレポートは、記録や記録管理
について、重要な提言を正しく作成してくれた。まず一つ目が、公文書
法の見直しの必要性である。現行の法律が 60 年以上経過しているのだか
ら、見直しには明確な利点がある。それゆえ、協議の中でスコットランド
の国立公文書館館長（The Keeper of the Records of Scotland）に、ショーによって
明らかにされた弱点を考慮し、公的な記録について法律を見直すことを
依頼した [27]」と明言したように、ショーらの綿密な調査の上でもたらされ
た的確な提言は、受け入れられた。

　それでは、ショーレポートが報告されるまで、スコットランドでは、
1937 年の公文書（スコットランド）法の見直しは行われなかったのだろ
うか。スコットランドの記録の専門家の間でも、1937 年の法律が、主に
裁判所の記録に焦点を絞っており、時代にそぐわないとの声が早くから
上がっていたため、これまでにも小さな条項の改正はおこなわれていた [28]。
1998 年のスコットランド議会の設立や 2002 年の情報公開（スコットラン
ド）法 Freedom of Information (Scotland) Act：FOISA の可決も、公文書法改正の絶
好の機会であると考えられていたが、いずれも大規模な見直しは行われ
なかった [29]。しかしながら、スコットランドの国立公文書館のブルーノ・
ロングモア B. Longmore が語るように、2007 年のショーレポートの公開に
より、公文書法の見直しの機会は突然訪れた [30]。そして、ロングモアが
指摘するように、「〔虐待〕報告書の焦点は、記録を着眼点としていない一

27　The Scottish Parliamentary Corporate Body. (2008). Thursday 7 February 2008, Meeting of
　　the Parliament: 5927.

28　Longmore, B. (2013). The Public Records (Scotland) Act 2011: Creating a culture that values
　　public records: 249.

29　2011 年のスコットランドの公文書法設立までの歩みについては、前掲のスコッ
　　トランド国立公文書館のブルーノ・ロングモアが、2007 年にショーレポートが
　　提出されるまで、様々な機会を活かして改正を試みてきたことを綴っている――
　　同前：248–262.

30　同前：251.

方で、レコードキーピングはその根底にあった。実際に、全体の章は、なぜ記録が重要か、ということや改正を目指し、政府が公的に法律を見直すべきだということをレポートの重要な提言に割いていた[31]。」

　公文書法の見直しは、国立公文書館 NAS を中心に、18 か月にわたって行われ、その結果は 2009 年 10 月に公開された[32]。最初のステップとして、国立公文書館内部で公文書の見直しのためのグループ NAS Public Records Review Group が設立された[33]。そこでは、ソーシャルワークやチャイルドケア、中央政府の政策、地方自治体や民間の居住施設、警察、そして、公的調査で働いていた人々を含む個人や代表者グループの広い範囲からの意見を収集した[34]。

　また、見直しでは、ショーレポートを起点にし、他の国の近年の法律の動向や経験も考慮した。そのため、スコットランド国内の関連法律の調査を前提に、英語圏で 2000 年代以降に施行された、ニュージーランドの 2005 年の公文書法 The Public Records Act との比較[35]や、本章でも取り上げたショーレポートに類似する調査との比較[36]、ケアリーヴァーや虐待のサバイバーとの話し合い[37]も含んでいた。結果的に、ショーの報告書を公文書法見直しの契機としてとらえ、レコードキーピングを見直すことで、「アカウンタビリティを改善し、透明性を高め、そしてガバナンスを強化し、それが良い公的サービスにおける国の成果をサポートする[38]」ということが結論づけられ、そのためにスコットランドは、「レコードやアーカイブズを受け身の問題としてとらえず、この分野の法制化はイギリスの他の地域と対比しても、スコットランド独自のアプローチで発展させていく[39]」方針を決めた。

3　新たな公文書法とレコードマネジメントプラン

　1937 年の公文書（スコットランド）法の見直しを経て、2011 年に施行された新たな公文書（スコットランド）法は、3 つの部分で構成され、そ

表 3.4　レコードマネジメントモデルプランの 15 の構成要素

1	上級管理責任 Senior management responsibility
2	レコードマネジャーの責任 Records manager responsibility
3	レコードマネジメントポリシーの声明 Records management policy statement
4	業務分類 Business classification
5	リテンションスケジュール Retention schedules
6	廃棄アレンジメント Destruction arrangements
7	アーカイビングと移管アレンジメント Archiving and transfer arrangements
8	情報セキュリティ Information security
9	データ保護 Data protection
10	業務の継続とヴァイタルレコード Business continuity and vital records
11	監査証跡 Audit trail
12	記録管理のスタッフに対する能力の枠組み Competency framework for records management staff
13	評価と見直し Assessment and review
14	情報の共有 Shared information
15	第三者によって作成された公文書 Public records created by third parties

National Records of Scotland. (2019): 7. より作成。

31　同前。
32　前掲注 22、The National Archives of Scotland. (2009).
33　同前：3.
34　同前：2.
35　同前：14–17.
36　同前：18–19.
37　同前：20–21.
38　同前：32.
39　同前。

の大半がレコードマネジメントプランに関するものである。

PART 1　レコードマネジメントプラン
　　　　RECORDS MANAGEMENT PLANS (1–14)

PART 2　裁判所記録の移管
　　　　TRANSMISSION OF COURT RECORDS (15)

PART 3　一般
　　　　GENERAL (16, 17)

　2011 年の公文書(スコットランド)法の第 1 節で述べられているように、スコットランドの公的機関は、機関の公文書管理を適切に行うためにレコードマネジメントプランを作成し、提出しなければならなくなった。このプロセスを支援するために、スコットランドの国立公文書館館長は、関係者と協議した上で、モデルプランを作成し、以下の 15 の構成要素から成るモデルプランを公開した［**表3.4**］[40]。

　15 の構成要素は、国立公文書館長 The Keeper が、スコットランドの公的機関に、機関のレコードマネジメントプランを作成するときに考慮することを要求しているものではあるが、すべての要素が公的機関に適用できるわけではないと認識されている。モデルプランは、国立公文書館館長によって公開されているが、その内容は、国立公文書館館長と公的な部門や関係の専門職、その他の関係者の代表者から成るフォーラム the Forum との共同作業を反映している。

　ロングモアによれば、スコットランドの新たな公文書法には、立場の異なる三者それぞれに義務が課せられているという[41]。それは、公的機関の義務、国立公文書館館長の義務、非公的機関の契約上の義務の 3 つである。まず、公的機関の義務については、法律に則ったレコードマネジメントプランの準備、実行、見直しの義務があり、機関のプランは、提出され、公文書館長の同意を得なければならない。ただし、先に言及したように、異なるセクターによる、異なるプランの可能性がありうる[42]。

　次に、国立公文書館館長の義務として、国立公文書館館長は、モデル
プランを準備、公表し、そのフォームについてのガイダンスやそのプラン
のコンテンツを公開し、それらについて機関と相談しなければならない[43]。
モデルプランはテンプレートではなく、強固なレコードマネジメントプラ
ンに必要な構成要素である。一度そのプランに同意すると、国立公文書
館長は、5 年が経過するか、プランを提出した機関が、その同意したプラ
ンの実行を怠る証拠を見つけない限りは、機関のプランを見直すことは
できない[44]。また、スコットランドの大臣やスコットランドの議会に、年
次報告書を提出しなければならない[45]。非公的機関の契約上の義務では、
2011 年の法律が、公的機関の機能を提供するという契約の下、非公的団
体によって作成、または保管された公的記録に言及しており、その権限
を与える機関のレコードマネジメントプランの対象にならなければならな
い[46]。つまり、公文書法が、民間の業務の実践や法人にも影響を与える
ことを意味しており、公的機関との契約の下、非公的機関によって作成
された、子どものケアの記録を管理することを意味し、ショーレポートの
提言にも合致する。

　同様のケースは日本においても、想定されうる。日本の児童養護施設
の大部分は民間で運営されているが、施設で生活する子どもたちの生活
費は、基本的に国や各都道府県からの公費によって賄われている。つまり、
民間で運営しているが、その基本的な財源は公的資金を使用しているこ
とになる。このような場合、スコットランドの新しい法律の下では、記録
を管理するための制定法上の義務は、運営団体ではなく、公的機関に帰

40　National Records of Scotland. (2019). Model records management plan (Revised 2019).
41　前掲注 28、Longmore, B. (2013): 254–256.
42　同前：254–255.
43　同前：255.
44　同前。
45　同前：256.
46　同前。

する[47]。契約によって、非公的機関のレコードマネジメントの責任を公的機関が背負うことは、非公的機関のレコードマネジメントについても、定期的なチェックの目が入るということでもある。相互監視とまではいかないが、組織が異なる組織の記録の管理体制を注視していくことは、組織としての透明性も担保することにつながるであろう。

──児童虐待調査から見えた組織の記録管理の課題

　これまで、ショーレポートの虐待調査報告書で挙げられた課題は、制度も歴史も慣習も異なる日本においても当てはまるものである。日本の社会的養護の子どもたちの半数以上が生活する児童養護施設では、ショーが報告書で指摘した問題と同じようなことが起こっている。例えば、ある児童養護施設では、施設の文書管理規則を定めてはいるものの、実際には、ただ規則があるだけで運用されていない。また、海外のレジデンシャルスクールに該当するような児童自立支援施設は、日本ではその運営母体は、58 施設の内 9 割以上が国立、県立、市立といった公立の施設である。しかし、その施設の特質上、記録を残すことが子どもたちの将来にとって、良い影響を及ぼさないと考える職員が多くいて、保存年限が経過した子どものケース記録を施設の中で廃棄してしまったという話もきく。

　また、これらの多くの施設が、公文書館などへ記録の移管をしたことがないという現状もある。もし公文書館への移管がなくても、現用文書として児童福祉施設で保管し、記録管理がレコードスケジュール通りに行われていれば、将来の記録の利用も考えられるが、現在の児童福祉施設では、子どものケアに職員は集中し、将来的な記録の利用自体を話し合う場もなく、結果的にケアリーヴァーの記録の利用については現在の記録管理システムに反映されないという現状がある。

　2016 年には、増え続ける児童相談所への児童虐待相談対応件数などの影響により、児童福祉法が改正された。これにより、東京 23 区でも児童

相談所の設置が可能になり、人口 20 万人以上の中核市でも児童相談所を開設できるように支援するなど、今後も児童福祉関連の組織の増加が見込まれる。さらに、本章の冒頭で言及したように、社会的養護の子どもたちが、大規模施設から小規模の家庭的環境をもった施設や里親で養育されるのが奨励されている昨今、従前以上に記録管理体制が徹底されなければ、子どもたちの記録の分散が予想される。こうした状況は、もはや民間の自助力だけに任せておける話ではなく、また公的な機関が全ての責任を負える事でもない。現在の日本において、社会的養護の子どもの記録を多く扱っている組織は、都道府県や政令指定都市、中核市などの自治体が設置している児童相談所であろう。社会的養護の子どもたちが施設に措置されるための窓口にもなっている児童相談所の記録も、その管理は一様ではない。こうした現状を前に、記録に携わるアーキビストやレコードマネジャーは、一体何ができるのか考えなければならない。

　本章で取り上げたショーレポートは、言わば、組織の記録管理の課題が露呈した一つのきっかけに過ぎない。施設における虐待がその社会にもたらした衝撃から、スコットランドでは、公文書法の見直しに結びついた。ここからも分かるように、児童虐待調査や虐待がおきた児童福祉施設も公文書法などの記録管理に関する法律や記録管理と全く無関係ということは、もはやありえないのである。キム・エバーハード K. Eberhard は、300 以上の児童虐待を含む、児童福祉、児童施設の調査を記録管理の観点から行う中で、専門職の役割について、「政府の歴史的な過ちの場面では、アーキビストやレコードキーパーは、公的な説明責任の過程で次第に矢面に立たされる[48]」ということを述べている。ショーレポートのように児童虐待という最悪の状況に至ってから、専門職の出番になるよりも、ケアリーヴァーからの安定した記録のアクセスを目指す、そのシステムを

47　同前。

48　Eberhard, K. (2015). (Australian) Commissions of Inquiry and record-keeping: Opportunities to re-think the role of the archival professional association?

構築する段階において、時間をかけて議論すべきである。それは、ケアリーヴァーからのアクセスのため、記録の保存年限の延長を含めた記録管理の積極的な議論を公や民に関わらず、様々な立場でしていく必要がある。そのためには、アーキビストやレコードマネジャーだけでなく、現場の職員やソーシャルワーカーなど、スコットランドの国立公文書館が公文書法の見直しで行ったような幅広い社会の人々に問いかけていかなければいけない。

第 4 章

オーストラリアにおける
性的虐待調査の展開と
守られるべき子どもの権利

レコードキーピングが児童虐待の抑止力になるのはなぜなのか

はじめに——

2016・平成 28 年 5 月 27 日、深刻化する児童虐待の防止対策強化と児童相談所の体制整備などを柱とした児童福祉法の改正が参議院本会議で可決、成立した。これにより、政令で定める特別区、即ち、東京 23 区は児童相談所の設置が可能になり、社会的養護の子どもたちの家庭的養護[1]を推し進めるべく、里親に関する普及啓発などが法律に盛り込まれることとなった[2]。この背景には、児童虐待の増加とそれに伴い、家庭から離れ社会的養護の下で暮らす子どもたちの存在が大きく影響している。児童虐待により家庭での養育が困難であると判断された場合、日本では、多くの子どもが児童養護施設など児童福祉施設へと措置される。このように虐待で施設に入所した、または養育する保護者がいない社会的養護の子どもたちにとって、彼らを養育する児童福祉施設は、欠くことができないものである。

　その一方で、日本においては、社会的養護の子どもたちの約 8 割が施設で養育されるという施設偏重について国連より勧告を受けており[3]、「施設偏重自体が人権侵害に該当しうるし、一部施設については施設環境そのものが人権侵害に該当しかねないものもある[4]」という指摘もある。

　現在、日本の社会的養護は施設偏重から脱施設化への転換期を迎え、里親委託を増加させるべく、地方自治体では、様々な施策をおこなっているが、日本のこうした状況と正反対にあると言えるのがオーストラリアである。「諸外国における里親委託率の状況」によると、オーストラリアは、「各国の要保護児童に占める里親委託児童の割合（2018 年前後の状況）」が調査対象の 10 か国の内で最も高く、92.3％となっている[5]。制度が異なるために、簡単に比較はできないものの最も子どもの里親委託が進んで

いる国の一つだといえる。しかし、このように里親委託率の高いオースト
ラリアもかつては、社会的養護の子どもたちの多くが施設で養育されて
きた歴史があり、過去に施設で起こった虐待が明るみとなり、大きな社
会の関心事になっている。

　本章では、過去日本と同じような施設養育の状況にありながら脱施設
化を遂げた、オーストラリアの「子どもの性的虐待への組織対応に関す
る王立委員会 Royal Commission into Institutional Response to Child Sexual Abuse」（以下、
王立委員会）が公表した記録やレコードキーピングに関する報告書を分析
していくとともに、オーストラリアアーキビスト協会 Australian Society of
Archivists や記録に携わる専門職が、児童虐待という社会的問題にどのよう
に関わろうとしたのかについて検証していく。

　施設における子どもの虐待調査と記録を扱った研究は、イギリスのス
コットランドの国立公文書館の職員であるブルーノ・ロングモア B.
Longmore やヘザー・マックニール H. MacNeil らの論考などが詳しい。特に、
ロングモアは、スコットランドの社会的養護における虐待調査の報告書
（ショーレポート）で指摘された記録管理システムの課題が、2011 年のスコッ

1　家庭的養護とは、「社会的養護が必要な子どもと養育者の住居で生活をともにし、
　　家庭で家族と同様な養育をする里親やファミリーホーム」のことを指す。厚生労
　　働省（2012）「第 13 回社会保障審議会児童部会社会的養護専門委員会資料、資料
　　3–1 家庭養護と家庭的養護の用語の整理について」。
2　参議院（2016）「児童福祉法等の一部を改正する法律案　議案要旨」。
3　序章・注 36（13 頁）を参照。
4　2014 年 5 月に出されたこの報告書では、日本の社会的養護制度の仕組みと手続き
　　を検証し、子どもの施設収容から起こる問題点、その他の社会的養護制度下の人
　　権問題に焦点を当て、2011 年 12 月から 2014 年 2 月にかけて、日本国内の 4 地方
　　の 200 人以上にインタビュー調査を行っている——Human Rights Watch 編（2014）『夢
　　がもてない：日本における社会的養護下の子どもたち』：19。
5　調査対象は、イギリス、ドイツ、フランス、イタリア、アメリカ、カナダ（BC 州）、
　　オーストラリア、香港、韓国、日本の 10 か国で、日本の里親委託率は 21.5%（2019
　　年 3 月末の統計）で、10 か国の中で最も低い——厚生労働省子ども家庭局家庭福
　　祉課「社会的養育の推進に向けて　令和 3 年 5 月」：29。

トランドの公文書法の見直しに与えた効果について丁寧な分析を行っている[6]。しかしながら、これらの研究はイギリスのスコットランドに限定された調査報告書を分析したものであり、結果的にショーレポートは公文書法の改正に結び付いたが、その虐待調査の過程における記録の専門職の関与にはあまり言及されてこなかった。

　そのため、本章で取り上げるオーストラリアの性的虐待調査では、調査の開始当初から記録管理システムの見直しと改善を求めてきた記録の専門職たちは、「子どもの最善の利益」のために、現行の記録管理システムをどの様に改善させるのか、アーキビスト協会からの王立委員会への提言から紐解いていく。

　「子どもの最善の利益」とは何かを追及するオーストラリアの姿勢は、既に児童福祉法の中[7]でも示されている。こうした法改正の動向も考慮しながら、記録やレコードキーピングが子どもの虐待の防止策として機能するために何が必要かという点にも着目したい。施設における虐待は、オーストラリアに限られた問題ではなく、日本においても毎年報告されており、2019・令和元年の統計によれば、全国の被措置児童等虐待の届出・通告受理件数は290件で、その内94件で被措置児童等虐待の事実が確認されている[8]。本章で、オーストラリアの事例を取り上げることで、脱施設化を遂げ、小規模な家庭的環境のケアへと移行していく日本の社会的養護にとって、「子どもの最善の利益」とは何かを念頭とした組織のレコードキーピングについて考察する。

1　子どもの性的虐待への組織対応に関する王立委員会による調査

1.1　王立委員会の設立とその役割

　本論に入る前に、王立委員会の概要を明らかにしておきたい。王立委

員会は、2012 年 11 月 12 日に首相ジュリア・アイリーン・ギラード Julia
Eileen Gillard によって、設立が宣言された。この背景には、1990 年代からオー
ストラリアの施設における虐待が次第に表面化してきたこと[9]や 20 世紀
の間に施設などで養育された経験を持つ「忘れられたオーストラリア人」

6　ロングモアの論考では、スコットランドの 1937 年の公文書法が対象とした記録
　　は、裁判所、行政府の部門、政府関係機関や国民保健サービス（National Health
　　Service：NHS）などの部分的で、第三セクターの組織や宗教組織、地方自治体、
　　国民保健サービストラスト（NHS trust）、大学などの記録は対象にされなかったこ
　　とが指摘されている。また、情報公開法を検討する時にも、公文書法の改正の議
　　論が上がってはいたが、結果的に改正には至らなかったことに言及されている——
　　Longmore, B. (2013). The Public Records (Scotland) Act 2011: Creating a culture that values
　　public records: 249.　マックニールらも、ショーレポートに着目し、ケアリーヴァー
　　にとっての記録がもたらす、社会正義のインパクトと語りへの影響について、調
　　査を行った。MacNeil, H., et al. (2018). If there are no records, there is no narrative: The
　　social justice impact of records of Scottish care-leavers.
7　オーストラリアのニューサウスウェールズ（NSW）州では、2001 年の児童福祉法
　　の中で述べられた「第 11 章　児童死亡検証チームの規定」及び同チームに関する
　　スケジュール 1 を 2007 年の法改正で削除した。NSW 州の児童福祉法について研
　　究している志田民吉は、2001 年法にあった「死亡検証」というのは事後的な対応
　　であることを指摘し、2007 年の法改正は「防止」の一点に社会的総力を集結させる、
　　一歩踏み込んだ社会的判断であると論じている——志田民吉（2012）「オーストラ
　　リア・NSW 州の児童福祉法改正の動向」: 55。
8　2009・平成 21 年 4 月に施行された児童福祉法改正により、施設職員等による被措
　　置児童等虐待について、都道府県市等が児童本人からの届出や周囲の人からの通
　　告を受けて、調査等の対応を行う制度が法定化された。厚生労働省では、届出等
　　の状況と都道府県市が対応した結果について、毎年度とりまとめ、公表してい
　　る——厚生労働省（2009）「令和元年度における被措置児童等虐待への各都道府
　　県市等の対応状況について」: 1。
9　州における虐待調査報告書としては、1999 年 5 月 31 日に公表された「クィーン
　　ズランド州の施設における虐待に関する審議会」の報告書などがある。調査では、
　　1911 年から 1999 年までの 150 以上の孤児院や非行少年の収容施設を対象にし
　　た——Foorde, Leneen., et al. (31 May 1999). Commission of Inquiry into Child Abuse in
　　Queensland institutions: Final report.

やイギリスやマルタからの「児童移民」に関する調査報告書[10]での指摘があったと考えられる。

　設立された王立委員会の調査は、全国を対象に、学校、教会、スポーツクラブのような施設が子どもの性的虐待の申し立てにどのように対応したのかを調査し、子どもの保護システムのどこに過ちがあったのかを詳らかにした上で、法律、方針や実践を改善する方法についての提言（recommendations）を作成することを目的とした。その目指すところは、子どもたちにより安全な未来をもたらすことである。

　王立委員会の活動は、公聴会とプライベートセッションの主に2つである。公聴会は、子どもの性的虐待の申し立てやその事実に対する組織の対応を調査するためのもので、1919年から2014年までに組織で起きた虐待に関する聞き取り調査が行われている[11]。そして、プライベートセッションは、性的虐待の被害者の経験や虐待に関係した組織が、彼らの訴えにどのように対応したのかについて、コミッショナー[12]に直接話すミーティングである。オーストラリア全土で開かれているプライベートセッションでは、2013年5月から2017年5月までに6,875人が虐待の経験をコミッショナーと共有した[13]。

　公聴会の議事録や証人リストが、王立委員会のウェブサイト上で公開されているのとは対照的に、プライベートセッションで話されたことは、原則として公的な文書には記載されず、その内容も公開されないことになっている[14]。2013年に王立委員会が活動を開始してから、様々な施設で起こった性的虐待の多くの被害者やサバイバーが、脆弱な記録やレコードキーピングが引き起こした苦痛やフラストレーション、トラウマについて語っている[15]。それゆえ、王立委員会は虐待のみならず、記録に関する問題も直視せざるをえなくなった。次節では、王立委員会が記録とレコードキーピングに焦点をあて、作成した専門調査報告書について着目したい。

1.2　専門調査報告書が示したこと

2016年の9月に公表された「コンサルテーションペーパー：レコード

10　提言11では、連邦政府が慈善団体や教会が運営する施設や社会的養護（out-of-home care）の施設に対して、ファイルや建物を公開し、調査に十分な協力を要請するための手段を講じることが提案された。これに関して、2009年に上院（元老院）議員は、慈善団体や教会が、社会的養護における子どもの性的虐待や身体的な虐待の問題の調査について、十分に協力しなかったことを述べている――Senate Community Affairs References Committee Secretariat, Parliament of Australia. (2004). *Forgotten Australians: A Report on Australians who Experienced Institutional or Out-of-home Care as Children (Forgotten Australians Report)*: xxi;　Find & Connect. (2014). Royal Commission into Institutional Responses to Child Sexual Abuse (2012–　　).

11　公聴会は2016年11月13日現在までに45ケースについての聞き取りが行われた。対象となるケースは、社会的養護の施設、学校、学校の時間外のケアサービスのプロバイダー、信仰に基づいた組織や施設、スポーツ団体、ダンススクール、レクリエーションアクティビティを提供する組織を含んでいる――Royal Commission into Institutional Responses to Child Sexual Abuse. (2016). *Consultation Paper: Records and Recordkeeping Practice*: 48.

12　2013年1月11日、王立委員会のコミッショナーとして、6人が任命された。彼らは、裁判官や警察関係者、児童精神科医など幅広い分野から集められた。メンバーの一人である元上院議員のアンドリュー・マリー Andrew Murray は、イギリスで生まれたが、2歳の時にチルドレンズホーム（日本における孤児院や児童養護施設）に入り、4歳の時にジンバブエに渡った児童移民の一人である――Royal Commission into Institutional Responses to Child Sexual Abuse. Commissioner Andrew Murray.

13　Royal Commission into Institutional Responses to Child Sexual Abuse. Final Report Private sessions: 10.　最終的にプライベートセッションでは、王立委員会の調査終了までに8,013人の虐待経験を聞きとりした――Ibid. Home.

14　プライベートセッションでの発言や作成された記録は、裁判などの証拠として認められない。また、プライベートセッションの情報にアクセスする場合は、1902年の王立委員会法 Royal Commissions Act 1902 に従い、王立委員会が情報を提供した本人に同意をとることになっている。作成された記録は、99年後に公開される。ただし、公開期間も1983年アーカイブズ法 Archives Act 1983 の第33条に規定される免除の対象になる――Federal Register of Legislation, Australian Government. Royal Commissions Act 1902,

15　前掲注11、Royal Commission into Institutional Responses to Child Sexual Abuse. (2016): 3.

とレコードキーピングプラクティス[16]」（以下、専門調査報告書。以下、引用箇所のページを〈　〉で示す）は、子どもの性的虐待という観点から、過去と現代の組織の記録やレコードキーピングの実践を調査したものである。王立委員会は、レコードキーピングに関する意思決定を行う上で、透明性やアカウンタビリティをどのように改善させていくかということに関心を寄せている。こうした記録やレコードキーピングが「なぜ重要なのか」という問いについて、コミッショナーのジェニファー・コート J. Coate は、「情報共有（Information Sharing）」の重要性を指摘している[17]。これは、子どもが複数の施設、州をまたいで移動する場合などに情報を共有することで、虐待を含むリスク管理や虐待そのものを防ぐ効果がある。

　王立委員会の活動開始以前から、オーストラリアのアーキビスト協会は虐待の問題を注視しており、コンサルタントを務めたバーバラ・リード Barbara Reed を含むオーストラリアのアーキビストの協力の下、王立委員会の専門調査報告書は作成されている。そのため、記録、レコードキーピング、レコードマネジメントの用語については、専門調査報告書の冒頭部分において明確に定義されている。本論でも検証を進めていく上で必要なこの定義について確認しておきたい。

　まず、記録は、「組織又は個人が、法的義務の履行又は業務遂行において、媒体、形状、書式にかかわらず、証拠として、及び資産として、作成、取得及び維持する情報[18]」と定義されている。「レコードキーピング」と「レコードマネジメント」については、これらの用語がときどき入れ替えて使われることがあると認める一方で、2つの間には相違がある〈8〉と述べている。レコードキーピングは、「記録された情報の形式において、業務のやりとりの完全性、正確性や信頼性の証拠を作成し、そして維持すること。レコードキーピングは、業務活動のプロセスにおける記録の作成、適切な記録の作成を保証する手段、レコードキーピングシステムのデザイン、確立、操作、そして業務（伝統的にレコードマネジメントの領域とみなされた）やアーカイブズ（伝統的にアーカイブズ管理の領域とみなされた）として利用された記録のマネジメントを包括する〈同前〉」としている。

　そして、「レコードマネジメント」は、「記録の形式で、業務活動ややり取りに関する証拠や情報を捕捉し、維持するプロセス含み、記録の作成、収受、維持、利用、処理（廃棄）の効果的で、システマティックなコントロールに責任を負うマネジメントの領域〈同前〉[19]」と定義される。

　専門調査報告書では、以上の定義を念頭に置きながら、記録を3つのステージ（作成、維持、ディスポーザル）の観点から分析している。調査の対象を記録とレコードキーピングにしたことについては、2つの理由をあげている。一つは、組織というコンテキストにおいて、脆弱な記録やレコードキーピングの実践が、性的虐待の被害者とサバイバーに対して深い損失を与えることが明らかになったことである〈9〉。そしてもう一つは、王立委員会の調査から脆弱な記録とレコードキーピングの実践が、子どもの性的虐待の防止や特定、適切な対応ができないリスクを引き起こすことが顕著であったことである〈同前〉。

　後者については、正確な記録とレコードキーピングの実践が、個人や組織の管理の正確かつ完全な状態を提供し、子どもの性的虐待のリスクや事件を特定し、適切に対応するために中心的な役割を果たす〈10〉ことが報告されている。これは、正確な記録と質の良いレコードキーピングを組織で実践することが、子どもの虐待に対しての大きな抑止力となる

16　同前、Royal Commission into Institutional Responses to Child Sexual Abuse. (2016).

17　2016年10月21日に開催されたオーストラリアのアーキビスト協会大会の基調講演 Coate, Jennifer. (2016). Perspectives on records and archives: An update from the Royal Commission. での発言。

18　Committee IT-021. (2002). Records Management, AS IOS 15489.1 – 2002 Australian Standards Records Management Part 1: General, Standards Australia, 2002: 3.　IOS 15489-1:2016 では、記録は、「組織または個人が、法的義務の履行または業務遂行において、証拠、及び資産として、作成、受領及び維持する情報」と定義されている――IOS 15489-1:2016. Information and documentation–Records management–Part1: Concepts and principles: 2.

19　International Organization for Standardization. (2011). ISO 30300 – Information and documentation – Management systems for records – Fundamentals and vocabulary, International Organization for Standardization.

ことを意味している。

　しかしながら、モナッシュ大学の組織と社会情報学センター Centre for Organisational and Social Informatics の提言でも指摘されているように、政府や非政府のセクターを包含するレコードキーピングやアーカイビングの統一されたアプローチがない[20]こと、さらに、レコードキーピングの義務を規定する法律は、オーストラリアの国内で同一ではなく、組織の義務はセクター間やそれらが公的施設か民間施設かで著しく異なることがレコードキーピングの取り巻く状況を複雑化させている。そこで王立委員会は、調査を通じた発見やこの状況を鑑み、施設の実践や被害者やサバイバーの経験を改善していくための5原則を示している。

> 原則1　正確な記録の作成や保管は、子どもの最善の利益となる〈23〉。
>
> 原則2　子どもの保護に影響するすべての決定や事件について、正確な記録が作成されなければならない〈29〉。
>
> 原則3　子どもの性的虐待に関係する記録は、適切に維持されなければならない〈31〉。
>
> 原則4　子どもの性的虐待に関係する記録は、法律、またはポリシーの下でのみ廃棄されなければならない〈33〉。
>
> 原則5　彼ら（被害者やサバイバー）に関する記録にアクセスし、修正することについての個人の権利は、法律によってのみ制限される〈44〉。

　原則1は、記録の作成の前段階として、子どもたちのケアやサービスを提供する組織が、レコードキーピングを含む行為のすべての側面において子どもの最善の利益を守ることを前提に考えていくことを求めている〈23〉。続く原則2では、記録の作成段階について触れており、組織は確認された不適切な行為、または子どもの性的虐待やその対応も記録として作成されることを保証するべきだとしている。また、組織によって作成された記録は、明確で、客観的であることを徹底されるべきだとも述べて

おり、出来事が起こった時、またはその時からできるだけ早い時間に作成され、明確に記録の作成者（個人か組織かどうか）と作成日を記すことについても言及している〈29〉。

原則3は、記録の管理の段階で、子どもの性的虐待に関する記録は索引をつけられ、理論的で安全な方法によって維持されるべきだとしている〈31〉。記録の廃棄段階の原則を示している原則4は、子どもの性的虐待に関する記録や関連の記録は、記録のディスポーザルスケジュール、または公表された組織のポリシーに従ってのみ、廃棄されるべきだとしている〈33〉。原則5では、法に反しない限り、十分なアクセスを与えるべきだということが明示されている。さらに、記録の保留や編集された箇所についての明確な説明が提供されるべきだとしている〈44〉。

専門調査報告書では、質の良いレコードキーピングの実践について言及している原則はない。しかし、原則1から原則5までを適用する上で、追加の原則が必要かどうかについては、利害関係者の考えを傾聴することも視野に入れている[21]。

これらの原則について、関係する組織で徹底がなされているかどうかの検証は、これからの課題といえる。それでもこの専門調査報告書で明らかにされた記録とレコードキーピングに関する発見と課題は、オーストラリアの各管轄州の法律や過去の類似の虐待調査の分析にとどまることなく、公聴会やプライベートセッションで浮上したレコードキーピングの

20　Monash University Centre for Organisational and Social Informatics. (2016). *Submission to the Royal Commission into Institutional Responses to Child Sexual Abuse, Consultation Paper: Institutional Responses to Child Sexual Abuse in Out-of-Home Care*: 3.

21　2017年の「最終報告書：第8巻、レコードキーピングと情報共有」では、原則1～5に関して、大幅な変更はなかったものの、4つの原則の中で、「子どもの安全とウェルビーイング」について強調されている。また、最終報告書では、児童虐待が起こってから、または、申し立てがあってから、少なくとも45年間は記録を保持するように提言がなされた——Royal Commission into Institutional Responses to Child Sexual Abuse. (2017). *Final Report: Recordkeeping and information sharing*: 10, 22.

課題を詳細に分析しており、実態に即したものであると評価ができる。次節では、専門調査報告書を含む王立委員会の調査に対するオーストラリアのアーキビスト協会の提言について見ていく。

2 オーストラリアアーキビスト協会の取り組み
王立委員会への提言から

　王立委員会の調査が終了して、数年が経過したが、多くの子どもたちが社会的養護の様々な施設で生活した歴史的背景があるオーストラリアでは、これまでも類似の調査が行われ、記録に関する課題が露呈したこともあり、社会的養護に関する記録に対して専門職の関心も高い。しかしながら、王立委員会の設立以前に行われた類似の調査について、キム・エバーハード K. Eberhard[22] は、アーキビストがアーカイブズの理論や実践の基礎について、アーキビスト以外の人たちに理解してもらえていなかった[23]とし、さらに、アーキビストはこれまでのそうした調査報告書に対し、提言してこなかった、または、提案していたとしても提言を作成する人たちに、その内容が理解されていなかったことを指摘している[24]。施設における虐待やその他の社会問題についても、その根底には記録に繋がる課題があることは少なくない。その課題に対する解決策や支援として、記録の専門職からの提案などの働きかけを積極的に行っていくことに疑いの余地はないが、その一方で、多くの人々が問題の表面だけを見て、根底にある記録の問題を認識していない可能性について、アーキビストなどの専門職は理解する必要がある。

　エバーハードが述べるように、アーキビスト以外の人たちに根底にある記録の問題に目を向けてもらい、理解を深めてもらうということは、容易なことではなかったに違いない。しかし、オーストラリアの王立委員会が、これまでの他の虐待調査とは異なり、調査の初期段階から記録に関する課題に着目しているのはなぜなのか。オーストラリアのアーキビスト協会

が、王立委員会の調査に際し、どのように働きかけてきたのか。本節では、2012 年 11 月から 2016 年 9 月までに、オーストラリアのアーキビスト協会が行ってきた王立委員会への 4 回の提言（Public Submissions）から、子どもの性的虐待という社会問題への専門職団体の関与について検証していきたい。

2.1　2012 年 11 月 26 日付の王立委員会への提言[25]

　オーストラリアのアーキビスト協会からの最初の提言は、王立委員会の設立に関する専門調査報告書に対するものである。当時の首相であったジュリア・アイリーン・ギラード Julia Eileen Gillard が王立委員会の設立を宣言してから、2 週間も経っていないこの時期にアーキビスト協会は、3 つの提言を行っている。

　一つ目の提言は、調査権限に影響を及ぼす、政府（連邦、州、テリトリーそしてローカルガーバメント）記録の廃棄の即時「凍結」、または禁止を求めるもので、この提案については、Council of Australasian Archives and Records Authorities：CAARA における共同作業を通じ、オーストラリアの国立公文

22　キム・エバーハードは、王立委員会がまとめたオーストラリア国内の子どもの福祉に関する調査報告書のリストから、1997 年から 2012 年にかけてオーストラリア国内で出された 8 つの報告書を抽出、分析している。調査の分析対象になった 8 つの報告書には、「Bring Them Home」「Lost Innocents」「Forgotten Australians」「Mullighan Report」などが含まれている——Eberhard, K. (2015). Unresolved issues: Recordkeeping recommendations arising from Australian commissions of inquiry into the welfare of children in out-of-home care, 1997–2012: 6.

23　同前：14.

24　同前。

25　Australian Society of Archivists. (2012). *Submission by the Australian Society of Archivists Inc. on the Consultation Paper Regarding the Establishment of the Royal Commission into Institutional Responses to Child Abuse.*

書館によって調整されることが明言された。二つ目として、王立委員会
の調査対象に含まれるすべての非政府、民間、非営利（NPO）、公益財団、
教会を中心とする組織に、記録の廃棄の禁止を要求するものであった。

　この二つの提言については、調査が本格的に始動する前に王立委員会
に提言することで、児童の性的虐待に関する証拠である記録を廃棄させ
ない意図があったと考えられる。これには、1990 年にヴィクトリア州で
起こったハイナー事件の教訓が生かされていることは明らかである [26]。ハ
イナー事件とは、ヴィクトリア州のジョンオクスレー青少年拘置センター
John Oxley Youth Detention Centre（以下、拘置センター）で子どもへの虐待が
行われた証拠となる記録が、州政府からの圧力を受け、州のアーキビス
トによって廃棄されてしまった事件である [27]。オーストラリアのアーキビ
スト協会は、ハイナー事件に関しても 3 つの声明を出してはいるものの、
それは事件から 5 年以上経て出されたものであり、レコードキーピングの
専門職団体として、迅速に対応出来ていたとは言い難い [28]。また、これ
らの声明は、アーキビストの独立性を確立することに重点が置かれ、虐
待調査そのものとは距離を置くものだったといえる。

　しかしながら、2012 年の王立委員会の提言では記録の廃棄を直ちに「凍
結」させ、記録を残すことの重要性が強調され、王立委員会の調査にお
いて調査対象施設のレコードキーピングの調査を行い、評価することも
盛り込まれた。これは、これまでに行われた類似の調査よりも、さらに踏
み込んだ対応であるといえよう。

　さらに三つ目の提言では、オーストラリアの子どものケアに責任のある
組織のレコードキーピングの実践についての調査を王立委員会の調査の
公的権限に含むこと、そして、提供されたサービスについて、より良いア
カウンタビリティをもたらすために、現在の実践の評価を行うこと [29] が
盛り込まれた。

　ここで着目したいのは、王立委員会の調査業務の中に、子どものケア
を提供する組織の実際のレコードキーピングの評価を行うことが要請さ
れている点である。これまでの虐待調査報告では、必ずしも調査の最初

からレコードキーピングに焦点が当てられたわけではなく、結果的に虐待
調査の進展の中で記録の重要性が述べられたに過ぎなかった[30]。そのた
め調査の中で実際に行われているレコードキーピングを評価することは、
これまでにない視点からのアプローチであった。また、虐待が事実であ
るかを確認、精査する上で、その証拠となる記録がどのように作成され、
管理されてきたかを王立委員会が把握することは、理に適った方策であ
るといえる。

2.2　2015 年 5 月 31 日付の王立委員会への提言[31]

　王立委員会に対する最初の提言が出されてから、2 年以上が経過した
2015 年 5 月 31 日に、アーキビスト協会は、再び王立委員会に対して提言
を行った。この提言書では、再び、アーキビスト協会がどういった団体
であるのかを認識してもらうと共に、「記録は、適切な社会の監視を確認、

26　オーストラリアのアーキビスト協会の提言書では、レコードキーピングの専門
　　家は、ハイナー事件を通じて、児童虐待や隠ぺいに関する情報の不適切な廃棄を
　　追及したと述べているが、本稿でもあるように、筆者はハイナー事件についての
　　提言は時期を逸していたのではないかと考えている——同前：2.

27　ハイナー事件については、平野泉（2012）「廃棄すべきか、残すべきか：オース
　　トラリア「ハイナー事件」に学ぶ」、Hurley, Chris. (1997). Records and the public
　　interest. The Shredding of the Heiner Documents: An Appreciation. 等を参照されたい。

28　ハイナー事件も含むオーストラリアのアーキビスト協会の声明は、同協会のサイ
　　トから閲覧できる——Australian Society of Archivists. Public Submission.

29　前掲注 25、Australian Society of Archivists. (2012): 2.

30　こうした傾向は、オーストラリアの「忘れられたオーストラリア人」の報告書
　　Senate Community Affairs References Committee Secretariat, Parliament of Australia. (2004)
　　（前掲注 10）だけでなく、イギリスのスコットランドやアイルランドの施設にお
　　ける虐待調査の中でも見られる。

31　Australian Society of Archivists. (2015). *Submission to the Royal Commission into
　　Institutional Responses to Child Sexual Abuse.*

記録し、可能にする上での重要な戦略ツール[32]」として、王立委員会の調査における記録の重要性について強調している。

　また、オーストラリアのアーキビスト協会は被害者やサバイバーの人生に対する記録の重要性についても同様に訴えている。公聴会やプライベートセッションを開催する上で、王立委員会では、被害者やサバイバーに話をするための記録を持参する必要はないと強調しているが、多くの人々は、トラウマとなった出来事を深く理解するための手段として、彼らの記録を探している[33]とアーキビスト協会は主張する。こうした記録は、サバイバーや被害者の人生における施設や組織の話を反映している一方で、記録に直面し、明らかになることで、それ自体が再びトラウマの痕跡になりうるし、彼らの人生を変えることにもなる[34]。

　提言では、記録の重要性が述べられている一方で、レコードキーピングの難しさにも触れている。特に、行政機能を民間の組織に外注委託しているということは、連邦、州、テリトリーといった行政機関が確立しているレコードキーピングに関する法律や規則を民間の組織にも一貫して課すことができないことを意味する。そのため提言書では、具体的な方策については言及されていないが、将来のレコードキーピングの実践を改善するために、レコードキーピングプロセスの原則に基づいた体系的なメカニズムを要求している[35]。

　この点に関しては、日本の社会的養護においても子どもの措置費を行政が負担し、民間の社会福祉法人が運営していく児童養護施設などで、同様の問題が考えられる。公的施設では、公文書管理法や文書管理条例・規則が適用されるが、行政からの資金が支出されている民間の施設などでは、法律の適用を受けず、レコードキーピングは各々の裁量に委ねられることが多く、全体的に曖昧さが目立つ。

　最終的にこの提言書では、オーストラリアのアーキビスト協会が、過去、現在、未来にそれぞれ焦点をあて、レコードキーピングが介在する範囲の課題に対処していくために、関係当事者を集めた円卓会議の開催を提案した。この目的は、王立委員会が調査する問題に対する適切な社会の

対応として、その中心には質の高いレコードキーピングがあることを強調するものである [36]。

2.3　2016 年 4 月 11 日付の王立委員会への声明 [37]

　2016 年 3 月 8 日に王立委員会は、「社会的養護における子どもの性的虐待への組織対応に関する専門調査報告書 [38]」（以下、社会的養護に関する専門調査報告書）を公開した。社会的養護に関する専門調査報告書には、オーストラリアにおける社会的養護の現状とともに、王立委員会がなぜ調査を行うのか、社会的養護で虐待を防ぐためにどうすればよいかについて盛り込まれている。この専門調査報告書に対しては、行政や法律、福祉機関などから 57 の提言 [39] が提出された。オーストラリアのアーキビスト協会は、王立委員会の要望により、ウェブサイト上で王立委員会が言及したレコードキーピングの課題（情報共有と記録へのアクセス）に焦点を絞って、2016 年 4 月 11 日に声明を出している。その声明の内容は、①アクセ

32　同前：1.

33　同前：2.

34　同前。子どものケアに関する過去のレコードキーピングの実践の課題やレコードへのアクセスの改善、子どものサービスの管理は、連邦政府のファインドアンドコネクト（Find & Connect）プロジェクトでも部分的に言及されている一方で、コモンウェルスは、州やテリトリーに管轄責任の権限のあるレコードキーピングやレコードへの一貫したアプローチの実施については、それ自体のキャパシティによって妨げられている。

35　同前。

36　同前：4.

37　Australian Society of Archivists. (2016). *ASA Statement RE: Out of home care.*

38　Royal Commission into Institutional Responses to Child Sexual Abuse. (2016). *Consultation Paper: Institutional Responses to Child Sexual Abuse in Out-of-Home Care.*

39　王立委員会に提出された 57 の提言は、すべて pdf で王立委員会のホームページから閲覧することができる——Royal Commission into Institutional Responses to Child Sexual Abuse. Home.

スの課題、②未処理 / リスト化されていない記録、③デジタル化や報告、
④パラダイムシフトの機会の 4 点で、まずそれぞれの概略を記しておき
たい。

　まず、①アクセスの課題では、全国的に一貫した、法域内（intra-jurisdictional）
でのアクセスモデルの必要性の推奨や、王立委員会が忘れられた世代に
関係して、オーストラリアの国立公文書館の MOU[40] が行っている実践を
考慮することなどが盛り込まれた。さらに、ファインドアンドコネクト
Find & Connect プロジェクトを通じて、2015 年に社会サービス部門が発行
したアクセスの原則とベストプラクティスガイドラインを推奨することや
ケアリーヴァーに対して、全国的な出生証明書の無料発行が提案された。
続いて、②未処理 / リスト化されていない記録については、ケアリーヴァー
に関連する組織によって保管されている未処理 / リスト化されていない記
録に対する資金調達プログラム設立について言及されている。③デジタ
ル化や報告では、現在や未来のケアリーヴァーにとって、信頼できるデ
ジタル記録が作成され、長期的なアクセスを保障することが要求された。
そして、④パラダイムシフトの機会として、現在のレコードキーピングの
革新的な変換を推奨し、未来のケアリーヴァーに異なるアウトカムを形
成することを求めた[41]。

　声明では、過去の社会的養護に関するプロジェクトの成果を生かして、
ケアリーヴァー支援を行っていくことが一つの柱になっている。それは効
率的であると同時に、これまでのノウハウの蓄積があることが要因だと思
われる。また、②の未処理 / リスト化されていない記録は、③のデジタル
化よりもはるかに緊急性が求められると言及されている。それは、記録
を検索しやすいようにリスト化することで、個人が記録を発見しやすくな
るからである。また、アーキビスト協会はケアリーヴァーに関するデジタ
ル化した記録の集中的なアーカイブズの構築については、支援しないと
明言している。その理由として、デジタル化したアーカイブズの構築が、
表面的で、政治的なレベルでは魅力的であるように思えるが、デジタル
化して、ケアリーヴァーに新しい記録を提供することに年数を要すること

と、それに伴い資金も嵩むことがあげられている。基本的には、現在ある組織や実践の改善を優先することを推奨している[42]。

2.4 2016年10月13日付の王立委員会への提言[43]

2016年10月の提言は、同年9月に王立委員会が公開した専門調査報告書「記録とレコードキーピングプラクティス」に対するものである。提言の構成は、第1部と第2部に分かれており、前半はオーストラリアのアーキビスト協会についての活動と王立委員会に関連する論文の紹介[44]、後半で専門調査報告書への提案を行っている。後半で言及されている提言の内容は、レコードキーピングの文化を組織の文化に埋め込むことやレコードキーピングの原則、異なるタイプの組織における異なるレコードキーピング、レコードキーピングに関する訓練と意識やアクセス、記録における権利など多岐にわたる。専門調査報告書の意見を後押しする内容も多く、重なる部分が多いために詳細については省略するが、提言は専門調査報告書で述べられた問題（Question）と対応するように作成されており、専門調査報告書のどの点を改善していけばよいのか、明確な指示書

40　MOU は、正式名称を Memorandum of Understanding といい、1997 年にアーカイブズの館長と過去に政府の隔離政策によって影響を受けたノーザンテリトリーのアボリジニコミュニティの代表との間で署名された。その目的は、政府の政策の下、家族と離れることになってしまったアボリジニの人々の記録へのアクセスを支援することである。その詳細については、オーストラリアの国立公文書館 National Archives of Australia. (2006). *Tracking Family: A Guide to Aboriginal Records Relating to the Northern Territory.* を参照されたい。

41　前掲注 37、Australian Society of Archivists. (2016).

42　同前。

43　Australian Society of Archivists. (2016). *Submission to Consultation Paper 'Records and recordkeeping practices.'*

44　同前：2. ここでは、アーキビスト協会の会誌 *Archives & Manuscripts* に掲載された王立委員会の調査から露呈した記録管理の課題に関するフリングス－ヘッサミ V. Frings-Hessami とエバーハード K. Eberhard の 2 本の論文が紹介されている。

のような構成となっている。

　アーキビスト協会からの提言は以上の 4 つになるが、これとは別に王立委員会から公開された「社会的養護に関する専門調査報告書」に対して、アーキビストからの提案も行われている。次節では、このアーキビストからの提言についてみていきたい。

3　子どもの権利のためのナショナルサミットに向けて

　2016 年 3 月 8 日に王立委員会は、「社会的養護に関する専門調査報告書」を公開し、2016 年にはオーストラリアのアーキビスト協会もこれに対して声明を出した。時をほぼ同じくして、モナッシュ大学の組織と社会情報学センターのジョアンナ・エヴァンズ J. Evans やスー・マケミッシュ S. McKemmish らが、王立委員会の調査への返答という形式で提言書を公開した。この冒頭部分で、彼らは「繊細で、責任ある子ども中心の社会的養護（accountable child-centred out-of-home care）を支える上で、歴史的な正義や和解（historical justice and reconciliation）を可能にする支援者（イネイブラー）として、レコードキーピングやアーカイブズシステム再考の要求を提唱する学者、実践者、コミュニティの国際的なネットワーク」であると自らを位置づけている [45]。王立委員会が、レコードキーピングの機能障害の原因やシステムの性質に言及するよりむしろ、その兆候を改善する、システムの変革のためのスターティングポイントとして、エヴァンズたちは、4 つの提言をしている。

　提言 1 では、社会的養護にいる子どもに関するレコードキーピングに対する果たすべき役割を示している。社会的養護のケアにいる子どもへのリスクを管理し、虐待予防の手段をサポートすること、虐待の申し立てや事件をドキュメント化し、調査することを求める一方で、社会的養護の子どもや大人のケアリーヴァーがアイデンティティを構築、または再構築し、子ども時代の記憶を補い、検証するためにサポートすることなど、

その要求は広範囲にわたる。

　提言 2 では、独立した団体 Recordkeeping Archiving and Rights の設立を提案している。これは、子どものケアサービスを含むすべての機関による効果的でアカウンタブルなレコードキーピングやアーカイビングを促進していくために、広域的、横断的に法律やポリシーのフレームワークのデザインや実行を監督する役割を果たすとしている。その主要な目的は、良いガバナンス、子ども中心の社会的養護のベストプラクティス、子どもたちのアイデンティティや記憶のニーズ、そして長期的な社会のアーカイブズニーズをサポートすることにある[46]。

　提言 3 は、1990 年の国連の子どもの権利条約や 2011 年に出されたオーストラリア国内の社会的養護のための国家標準 National Standards for out-of-home care[47] に則り、レコードキーピングに関する子どものための機関の認識や彼らの生活にインパクトを与える意思決定において、子どもたちの活発な参加を強調している。特に、組織や管轄区を横断する原則に基づいたレコードキーピングのベストプラクティス開発は、社会的養護の子どもや大人のケアリーヴァーを中心に置くべきだとしている[48]。

　これは、ケアリーヴァーたちを受け身ではなく、捕捉された記録の対象である行為者として考え、さらにレコードキーピングの実践やシステムの意思決定において、共同作成者（co-creators）として関与できるように開発されなければならないとしている[49]。どんな記録を作成し、どのくらい

45　Monash University Centre for Organisational and Social Informatics. (2016): 2.

46　同前:4. 提言 2 は、イギリス、スコットランドの虐待調査報告書（ショーレポート）から 2011 年公文書法改正へ動いた一連の動きを事例に出している。

47　2011 年に国の児童保護コミュニティで承認され、社会的養護でのケアの質の向上をめざすための標準である。下記のレポートは、ポリシーメーカーや社会的養護を支えるサービスプロバイダー、関心のある利害関係者を対象に作成されている。Department of Social Services, Australian Government. (2011). *An Outline of National Standards for Out-of-home Care.*

48　前掲注 45、Monash University Centre for Organisational and Social Informatics. (2016): 5.

49　同前。

の期間、記録を保管するか、捕捉するのはどんなメタデータか、誰が記録にアクセスできるのかという決定に、社会的養護にいる子どもたち自らが関与することで、このレコードキーピング自体が虐待を早期発見する、または回避するシステムとして機能すると考えられる。

　提言 4 は、社会的養護を経験した全ての人たちのために、独立のライフリビングアーカイブズ（Lifelong Living Archives）をサポートするためのインフラの開発とその実施に関してである[50]。このアーカイブズは、受け身なリポジトリではない。活発なシステムとして、社会的養護にいた時の個人や組織の記録の安全な管理（safe keeping）だけでなく、彼らのアイデンティティや世界とのつながりの発展をサポートする役割も果たす[51]。提言の中では、その例として、社会的養護下にいた若い人々のための共同のリポジトリ（オンラインリポジトリ、the virtual locker とも呼ばれる）があげられている[52]。もはやオンラインリポジトリは、ただ単純にデジタル化した記録を集中して管理する場所でも、そうした記録を探す場所でもなくなっている。

　提案された提言から、社会的養護の子どもやケアリーヴァーを中心とし、彼らがレコードキーピングに共同作成者として関与することで、新たなレコードキーピングの在り方が見えてきた。社会的養護に関する記録は今や、虐待調査やその訴訟のための証拠だけでなく、虐待を未然に防ぐ新たな役割へとシフトし始めたのではないだろうか。これらは、2017年 5 月に、オーストラリアのメルボルンで開催された、社会的養護に関するレコードキーピングとアーカイビングシステムについてのナショナルサミット「Setting the Record Straight: For the Right of the Child[53]」において、さらに議論され、検証されることになった。2 日間に渡り、180 人が参加したサミットの初日には、盗まれた世代、児童移民、忘れられたオーストラリア人、様々な世代のケアリーヴァーの代表者から記録管理が人々の生活に与えた影響についての報告があり[54]、経験を共有した。サミットでは、2020 年までに、子ども時代の社会的養護に対するレコードキーピングのための国家的枠組みに向けての取り組み、次の 10 年間（2020–2030 年）でその実施、モニタリング、評価を追究していくことを目標とした[55]。こ

のレコードキーピングの実行性についての検証は、今後長い期間をかけてされていくことになるであろう。

──王立委員会の調査が記録の専門家たちに与えた影響

　王立委員会が公開した専門調査報告書では、正確な記録とレコードキーピングの実践は、国連の子どもの権利条約[56]に定められているような子どもの権利の実現に不可欠な要素であることにも言及している〈10〉。特に、正確で詳細な記録の作成や管理は、子どもの権利に内在するもの〈同前〉としてとらえられている。

　国連の子どもの権利条約の第7条1項では、「児童は、出生の後直ちに登録される。児童は、出生の時から氏名を有する権利及び国籍を取得する権利を有するものとし、また、できる限りその父母を知りかつその父母によって養育される権利を有する[57]」と定められ、第8条1項では、「締約国は、児童が法律によって認められた国籍、氏名及び家族関係を含むその身元関係事項について不法に干渉されることなく保持する権利を尊

50　同前。

51　同前。

52　Webber, Sarah., et al. (2015). Help Me Keep My Stuff Safe: Designing a Collaborative Online Repository for Young People in Care.

53　ナショナルサミットの詳細については、以下のホームページと論文を参照されたい。Evans, Joanne. (2017). Setting the Record Straight: for the Rights of the Child Summit: 247–252.; Evans, J., et al. (2015). Self-determination and archival autonomy: Advocating activism.

54　Evans, J. (2017). Setting the Record Straight for the Rights of the Child Summit: 247, 250.

55　同前：250.

56　序章・注36（13頁）を参照。

57　同前、ユニセフ。

重することを約束する[58]」ことと言及されている。第7条や第8条に定められていることは、家族と一緒に生活をおくる子どもたちには、ただ当たり前の事実として、誰に聞かずとも理解していることかもしれないが、家族から離れ、児童福祉施設で生活していた子どもやケアリーヴァーたちにとっては、正確な記録とレコードキーピングが下支えすることによって、初めて成り立つ権利なのではないだろうか。

　オーストラリアの社会的養護のための国家標準の第10条では、社会的養護にいる子どもたちや若い人たちは彼らが何者で、どこから来たのかを知るための適切なサポートを享受できる[59]ことを定めている。ここでは、社会的養護にいたときの記憶や経験は、写真や他の媒体に記録されることで、そこで出会った人々や出来事を思い起こすこともできることに触れている。

　また、ケアリーヴァーオーストラリアネットワーク Care Leavers Australasia Network: CLAN でも、子ども時代の記録への意識の高さから、団体独自に「子ども時代の記録に関する権利憲章 A Charter of Rights to Childhood Records[60]」を作成している。この権利憲章は、第1条から第10条で構成されており、その多くがアーキビストや記録の所有者に対して、社会的養護に関する記録への理解や支援、義務を訴える内容となっている。こうした権利と記録の関係性がケアリーヴァーの立場から語られることは、珍しいことではないが、この権利憲章のように、記録の専門職への明確な要求として提示されたことは、専門職を含めた社会に対してのある種の期待の表れである。社会的養護の記録に関して言えば、レコードキーピングの失敗やケアリーヴァーの措置（生活の場の）変更などに伴い、個人の記録がいくつかに分散されていることで、彼らに関する記録を検索し、収集することは容易ではない。しかしながら、権利憲章でケアリーヴァーたちが権利を主張したように、またアーキビストや記録の所有者も、権利憲章などにおけるケアリーヴァーの考えからニーズを探ることが、今後確実なレファレンス対応に繋がる布石となる。

　20世紀はいくつもの戦争や紛争があり、子どもたちが生きていくこと

さえ困難な時期が続いた。21世紀に入り、日本では未だに児童虐待の相
談件数は増加傾向にあり、今後も社会的養護で生活をする子どもたちが
減少していく見通しは暗い。そうした中で、本論で検討したオーストラリ
アの王立委員会の性的虐待調査やアーキビスト協会の提言などは、過去
の児童虐待に関する問題にだけスポットライトを当てるものではなく、現
在、また将来、社会的養護で生活する子どもたちの最善の利益を考慮す
るものである。このような現代社会が抱える問題に対して、アーキビスト
が専門職として関心を寄せ、積極的な提案を行うことは、今後の日本の
記録の専門家や専門職団体においても必要なことである。

58　同前。

59　前掲注45、Monash University Centre for Organisational and Social Informatics. (2016).

60　Care Leavers Australasia Network. (Revised 19 Oct, 2020). A Charter of Rights to Childhood
Records.　この権利憲章の作成にもジョアンナ・エヴァンズ J. Evans やスー・マケ
ミッシュ S. McKemmish といったオーストラリアのアーキビストが協力している。

第 5 章

日本の新たな社会的養護政策の展開と記録管理

韓国の養子縁組に関する記録管理政策との比較を手掛かりとして

はじめに――

　国連総会は、2009 年に「児童の代替的養護[1] に関する指針[2]」を採択した。この指針は、「児童の権利に関する条約、並びに親による養護を奪われ又は奪われる危険にさらされている児童の保護及び福祉に関するその他の国際文書の関連規定の実施を強化すること[3]」を目的として定められ、「児童が家族の養護を受け続けられるようにするための活動、又は児童を家族の養護のもとに戻すための活動を支援し、それに失敗した場合は、養子縁組やイスラム法におけるカファーラ[4] などの適当な永続的解決策を探ること[5]」という子どもの最善の利益のために目指すべき方向についても示している。

　日本では、約 4 万 5 千人の児童が家庭から離れて社会的養護の下で生活しており、その多くが乳児院や児童養護施設などの施設で生活をしている。その一方で、施設、家庭、養子縁組という環境における子どもの養育者に対するアタッチメント[6]（愛着）形成を調査した結果、施設で養育されるよりも養子縁組された子どもの方が、アウトカムが良好であった[7]ことが表しているように、子どものメンタルヘルスにとって家庭的な環境で安定した人間関係を構築できる養子縁組は利点があると言える。

　折りしも、日本では、2016 年 12 月 9 日に衆議院本会議にて「民間あっせん機関による養子縁組のあっせんに係る児童の保護等に関する法律案」(特別養子縁組あっせん法案) が可決、成立した。この法律の制定により、これまで都道府県に「第二種社会福祉事業」を「届け出」ることによって運営されていた民間のあっせん団体は、適切に養子縁組を執り行える団体なのか判断される「許可制」となり、行政からの補助を受けることも可能となった。しかしながら、新たな法律においても養子縁組をあっせ

んする団体の記録保管や当事者への情報の提供については明確な方針が
なく、民間の各養子縁組あっせん団体の裁量に委ねられているところが
大きい。このような状況の中、2020年7月には、国際養子縁組を積極的
に行っていた日本の民間のあっせん団体が事業を停止した[8]。この事業の

1　指針の中でも述べられている「代替的養護」とは、家庭養護の対概念としての社
　会的養護の機能的体系の一部として位置づけられる。田家英二によれば、それら
　は「補完的養護」、「支援的養護」、「代替的養護」、「治療的養護」に分かれ、生活
　の場で分類すると入所型（里親を含む）と地域型に分類されるという——田家英
　二（2011）「社会的養護の意味」。

2　厚生労働省雇用均等・児童家庭局家庭福祉課仮訳「国連総会採択決議　64/142.
　児童の代替的養護に関する指針」：2。

3　同前。

4　カファーラ（Kafala）とは、イスラム法における身元引受人やスポンサーの制度こ
　とである。カファーラとイスラム圏における社会的養護については、ジェイミーラ・
　バルガッシュ J. Bargach の文献に詳しい——Bargach, J. (2002). *Orphans of Islam:
　Family, abandonment, and secret adoption in Morocco.*

5　同前掲注2。

6　アメリカのチューレイン大学の教授で精神科医でもあるチャールズ・H. ジーナ教
　授によれば、アタッチメントとは、「選択的に少なくともひとりの養育者に安らぎ、
　サポート、養育、保護を求める幼児の性向をいう。人間の乳幼児は、生物学的に、
　養育者に対してアタッチメントを形成しやすい性質がある」と言われている——
　チャールズ・H. ジーナ（2016）『乳幼児の養育にはなぜアタッチメントが重要な
　のか：アタッチメント（愛着）障害とその支援（報告書）』：2。

7　同前：4-6。1960年代から70年代にかけてバーバラ・ティザードとその同僚は、
　愛着形成に関する研究を行った。調査対象は生後数か月で乳児院に収容された65
　人で、生後24か月まで乳児院に留まり、その後彼らは「養子縁組」「親元に戻る」
　「施設に残る」の3つの群に分類された。その後、8歳、16歳になった時点で、様々
　な尺度を用いて行った評価のほとんどすべてで、「養子縁組」された子どものアウ
　トカム（評価結果）が最も良好で、「施設に残る」ことになった子どもが最も悪い
　結果だった。

8　2020年7月に民間のあっせん団体であった一般社団法人「ベビーライフ」が業務
　を停止した。著者は、2016年9月23日特別養子縁組に関する記録保管とアクセ
　ス支援の調査で訪問した際に、生みの親からの子ども宛の手紙は、時期が来るま
　で団体で保管するという話を聞いたが、その後、手紙を含めた記録がどのように
　引き継がれたかは不明である。新聞の報道によれば、実親（生みの親）などの情

廃止は、それまで国内外で養子縁組を行ってきた子どもの記録の管理や開示など、「子どもの出自を知る権利」を保障するための記録をどのように管理し、引き継ぐことができるのか、という課題を我々に突きつけてきたと言えよう。

　本章では、子どもの福祉のために日本が推し進めている特別養子縁組に関する記録管理やアクセス支援体制の構築について検討していくことで、過去の当事者だけでなく、今後増加していくと予想される、潜在的当事者のニーズに応えていくための枠組みを提示することを目的とする。近年では、海外の養子縁組に関する実践の紹介[9]や国内外の養子縁組の状況と子どものウェルビーイング[10]を考慮した研究が行われ、アメリカやイギリス、カナダ、韓国など 9 か国の養子縁組制度の比較とともに、養子縁組に関する記録の管理と情報開示について調査が行われている[11]。その報告書が示す各国の制度比較でも、特に近年養子縁組制度に大きな変化があったのが韓国である。

　韓国では 2012 年に養子縁組特例法が改正され、養子縁組に関する記録の管理等を行うため、国の中央機関として中央養子縁組院が設置された。中央養子縁組院では、養子縁組情報の統合した管理システムを運営し、過去に民間の養子縁組あっせん団体によって、縁組が行われた養子に関する情報を中央養子縁組院のデータベースに集約するなどの作業が行われている。この背景には、第二次世界大戦後多くの子どもたちを国際養子として、海外へ送り出し、その成長した当事者たちが運動を行ってきたことがあげられる。養子縁組制度の研究の中でも日本と韓国は、「血縁重視の家族規範」の伝統を持ち、家系継承を目的とする養子縁組制度を早くから発達させ、第二次世界大戦後も民法の定める普通養子縁組や戸籍制度の存在など、多くの制度的共通点が見られる[12]と指摘されているように、他国の、特に韓国の養子縁組に関する記録管理体制について検討することは、将来的に日本の養子縁組の記録管理体制の構築に効果的な方策を講じることを可能にするであろう。

　そこで本章では、まず日本の養子縁組に関する法律と記録管理の現状

を把握し、その養子縁組に関する記録を管理する自治体、民間の養子縁組あっせん団体に対する記録管理に関するアンケート調査とその結果について分析を行う。そして、韓国の養子縁組を中心とする近年の海外における養子縁組に関する記録管理の動向を比較検討することを通して、日本の養子縁組の当事者たちが利用しやすい記録の管理体制について考えていきたい。

1 養子縁組に関する記録管理と当事者のアクセス
日本における養子縁組制度と記録

1.1 日本における養子縁組制度
国内養子と国際養子

養子縁組に関する記録について論じる前に、日本における養子縁組制

報に関する記録が一部行方不明になっているようである──NHK NEWS WEB（2021 年 3 月 29 日）「養子縁組　実親の記録不明に　専門家「一元管理必要か」」。

9　イギリスの養子縁組のリユニオン（再会と交流）について日本語訳した本には、付録として「イギリス、アイルランド、オーストラリア、ニュージーランド、カナダ、アメリカ合衆国において捜索と再会を行うための情報」として、記録へのアクセス条件や情報を保有する機関への連絡先などが紹介されている──トリンダー、リズ等著、白井千晶監訳（2019）『養子縁組の再会と交流のハンドブック：イギリスの実践から』。

10　ウェルビーイング（well-being）とは、1946 年 7 月 22 日にニューヨークで署名された世界保健機関（WHO）憲章の中の「健康」に関する定義で用いられている。そこでは、「健康」とは身体的、精神的、社会的に完全に良好な状態（well-being）であって、単に病気や虚弱でない状態ではないこととある──World Health Organization (WHO). (2006) Constitution of the World Health Organization.

11　厚生労働科学研究費補助金政策科学研究事業、研究代表者：林浩康（2016）『国内外における養子縁組の現状と子どものウェルビーイングを考慮したその実践手続きのあり方に関する研究　平成 27 年度総括・分担研究報告書』。

12　姜恩和・森口千晶（2016）「日本と韓国における養子縁組制度の発展と児童福祉：歴史統計を用いた比較制度分析の試み」：1。

度についてその概略を示しておこう。現在、日本の養子縁組は民法の中で定められており、普通養子縁組と特別養子縁組がある[13]。普通養子縁組は、養子となる子どもや養育者となる養親の年齢制限はなく、養子縁組後も親権が産みの親である実親に残り、法律上の親子関係は継続される。この場合、戸籍の表記は「養子」「養女」となる。こうした養子縁組は、しばしば家系の存続などでみられてきた。

　そして、もう一方の特別養子縁組は 1987 年に民法が改正され、1988 年に導入されるようになった。特別養子縁組では、子どもの年齢を原則 15 歳未満と制限し、養親の年齢も 25 歳以上と定められている。さらに養子縁組の成立条件についても、家庭裁判所に申し立てをし、審判を受けることになり、戸籍は「長男」「長女」などと表記され、産みの親である実親との関係は断絶し、親権も実親から養親へと移ることになる。

　この特別養子縁組制度はこれまでも国会で議論されてきたが、1987 年までに改正にいたらなかった。この成立に影響を与えたとされている人物が、医師の菊田昇[14]である。東北の産婦人科医であった菊田は、中絶しようとする女性を説得し、中絶手術を思いとどまらせる一方で、地方紙に養親を求める広告を掲載し、生まれた赤ちゃんを養子として無報酬であっせんした。だが、当時は現在の特別養子縁組に相当する法律がなかったために、偽の出生証明書を作成し、引き取り手の実子としていた。この問題により、菊田は医師会から除名処分を受けることになる。日本の養子縁組制度を研究するピーター・ヘイズと土生としえによれば、菊田の行動によって口火を切られた論争は、児童福祉、子どもの保護や子どもの権利のあり方を見直すきっかけをつくり、次第にそれは養子縁組に関する法律を改正することにつながっていった[15]と指摘している。しかし、こうした養子縁組制度はあくまで制度上の話であり、ヘイズらによれば、実際には、未婚の母で父親が不在の場合など、こうした合法的手続きを回避し、養親が自分の子どもであると届け出ることも行われていた[16]ようである。

　日本の養子縁組を論じる上で、忘れてならないのが国際養子と呼ばれ

る、海外に養子に行った子どもの存在である。第二次世界大戦後の日本
には、戦争で養育者を失った孤児やアメリカをはじめとする連合国軍の
兵士との間に生まれた混血児[17]が多くいた。彼らは、主として宗教関係
等の篤志家の手により、個々に外国人との養子縁組のあっせんが行われ、
これらはサンフランシスコ講和条約の前後から次第にその活動が組織化
され、活発化していった[18]。

　こうした戦後の貧しさや望まない妊娠によって、どのくらいの数の子ど
もを海外へ養子に出したかについて、姜恩和や森口千晶は、厚生省児童
局が 1959 年に刊行した『児童福祉十年のあゆみ』を引用し、日本政府が
戦後の混乱期にどれほど海外養子縁組が行われていたかを把握していた
様子はない[19]と結論付けている。日本に海外への国際養子を規制するた
めの法律は存在せず、海外の養子の送り出しのハードルが低いため、現
在も以前よりは少ない数ではあるが海外への養子縁組が行われている[20]。

13　別表 1「普通養子縁組と特別養子縁組」、一般社団法人命をつなぐゆりかご事務局
　　『ゆりかごハンドブック SAVE THE BABY』: 9。

14　菊田昇自身が養子あっせんについて書いた著作には、『私には殺せない: 赤ちゃん
　　幹旋事件の証言』(1974) や『赤ちゃんあげます: 母と子の悲劇をなくすために』
　　(1981)、『お母さん、ボクを殺さないで!: 菊田医師と赤ちゃん幹旋事件の証言』
　　(1988) などがある。

15　ヘイズ、ピーター; 土生としえ著、津崎哲夫雄監訳、土生としえ訳 (2011)『日本
　　の養子縁組: 社会的養護の位置づけと展望』: 23。

16　同前: 22。

17　現在では、不適切な表現で使用されない用語ではあるが、当時のことを記した文
　　献や論文の多くでは「混血児」「混血孤児」とういう表記を用いており、本論でも
　　これを採用する。

18　厚生省児童局編 (1959)『児童福祉十年の歩み』: 75。

19　前掲注 12、姜恩和・森口千晶 (2016): 9–10。姜と森口は、この時期の日本から
　　アメリカに渡った養子の数について、クレイトン・ダウティ C. Doughty の米国移民
　　局の統計資料を用いて論じている。その数は 1953–1956 年には 1,602 人、1957–1961
　　年には 1,427 人にも及ぶ——Doughty, C. (1964). Adoption and immigration of alien
　　orphans: 50–52.

20　日本から海外への国際養子の数は定かではないが、アメリカでは、日本からの養
　　子数が 2015 年に 19 人、2014 年に 20 人、2013 年に 22 人となっており、傾向とし

それには、いくつかのケースで、障がいがある子どもの養子縁組が国内で難しく、海外に養親を求めたケースも含まれている。

　現在の日本の養子縁組の傾向は、国連総会で採択された指針にもあるように、国内の養子縁組を推進していくことで、ここ数年は年間約 500 ～ 600 件で推移している[21]。今後も特別養子縁組あっせん法の制定により、国内の特別養子縁組は、増加していくことが見込まれるが、特別養子縁組推進の変化の裏で、当事者に関する記録の管理等については議論が深まっていないのが現状である。そこで次項では、養子縁組に関する記録の作成から保管までを見ていき、当事者の利用という側面からの課題について考察したい。

1.2　養子縁組に関する記録

　養子縁組に関する記録は、養子縁組にかかわる全ての組織・個人によって作成される。その作成組織の主なものとしては、日本では、養子縁組を行う児童相談所や民間のあっせん機関、家庭裁判所[22] などがある。特に児童相談所における子どもの記録の中心とも言える児童記録票の保管については、2013・平成 25 年 12 月 27 日の「児童相談所運営指針の改正について[23]」が大きな転換点になった。従前、子どもが満 25 歳を過ぎたら児童記録票は廃棄されていたが、2013 年の児童相談所運営指針の改正では、「児童記録票を長期保存する場合の例示として、養子縁組等の場合[24]」について記載している。ここでは、「養子縁組が成立した児童等の児童記録票について、当該児童の出自を知る権利を擁護する観点から長期保存とすることとしているが、養子縁組あっせんの実態の把握やその在り方については、来年度より調査研究の実施を予定しているところであり、この結果も踏まえ、記録の保存の在り方も含めた検討を行うこととしている。このため、検討結果が出るまでの暫定的な取り扱いとして、当該児童の児童記録票については当面の間、保存期間終了後も廃棄せず保管[25]」することになった。その後、検討が重ねられ、2018・平成 30 年 3 月 30

日の「児童相談所運営指針の改正について」では、養子縁組が成立した事例は、永年で児童記録票を保存することになった[26]。

　では、児童相談所運営指針[27]の中で定められている児童記録票とは、どういった目的で作成されるのか、その記録にはどのような情報が含まれるのだろうか。児童記録票は、世帯ごとではなく、児童相談所への相談を受理した子どもごとに作成される。また、出産前において支援を行うことが特に必要と認められる特定妊婦[28]からの相談の場合には、受理した段階で妊婦名等により児童記録票を作成し、妊婦自身等に関する記録を残した上、子どもが出生した段階で児童記録票を子ども名に変更して、子どもについての記録を加えることとし、一貫した指導・援助の経過[29]

　　ては日本国内の養子となった子どもよりも年齢層が高めになっている。アメリカ国務省のホームページでは、1999 年以降に世界各国からアメリカへ来た養子の数を調べることができる——US Department of State, Bureau of Consular Affairs. Intercountry Adoption, "Adoption Statistics."
21　厚生労働省「(参考) 普通養子縁組と特別養子縁組のちがい・特別養子縁組の成立件数・参照条文」：2。
22　特別養子縁組の成立を許可する家庭裁判所でも裁判記録や審判書が作成される。記録の保存期間は、裁判記録が 5 年、審判書が 30 年である。審判書には、実親の名前、生年月日、養子縁組の経緯などが記されている場合もある。
23　厚生労働省雇用均等・児童家庭局長 (2013)「雇児発 1227 第 6 号　児童相談所運営指針の改正について」(平成 25 年 12 月 27 日)。
24　同前：2。
25　同前。
26　厚生労働省子ども家庭局長「子発 0330 第 5 号　児童相談所運営指針の改正について」(2018・平成 30 年 3 月 30 日)。
27　前掲注 23：35。
28　特定妊婦とは、出産後の子どもの養育について出産前において支援を行うことが特に必要と認められる妊婦のことをいう。妊娠中から家庭環境におけるハイリスク要因を特定できる妊婦であり、具体的には、不安定な就労等収入基盤が安定しないことや家族構成が複雑、親の知的・精神的障害などで育児困難が予測される場合などがある。このような家族は妊娠届が提出されていない場合や妊婦健診が未受診の場合もある。
29　前掲注 23：35。

を記録している。児童相談所の業務の中で必要とされる記録である児童記録票は、受理会議終了後、児童記録票の番号が確定され、再び相談があった場合は、これまでの児童記録票が再びおこされることになる。さらに、児童記録票その他子どもに関連した書類は一括してケースファイルに収録し、「児童記録票綴」とすることが定められ、秘密保持の原則（児童福祉法第 61 条）に基づき、厳重な管理を要することとされている[30]。なお、情報通信技術（IT）の導入により、ケースファイル等の電子化を行うなど事務の効率化を図ることも必要であるとされている[31]。

　児童記録票の保存期間については、2018 年の児童相談所の運営指針の改正により、養子縁組が成立した事例は永年保存となり、棄児・置き去り児の事例で、将来的に児童記録票の活用が予想される場合などは長期保存[32]となった。しかし、これはあくまでも児童相談所の運営の指針であり、法的な拘束力をもたないことから、どのくらいの効力をもつのか不確かさがつきまとう。各自治体の記録管理の差異は将来的に記録の開示を求める養子縁組の当事者たちにとっては、深刻な問題となる。日本のこうした不統一な記録管理の状態に一石を投じると考えられるのが、韓国での養子縁組に関する記録管理の実践である。次節では、韓国における養子縁組に関する記録と当事者への情報提供について見ていきたい。

2　韓国の養子縁組に関する記録管理と当事者への情報提供

2.1　韓国における養子縁組の背景と制度

　韓国における養子縁組は、1950 年の朝鮮戦争による影響で戦争孤児や連合国軍兵士と韓国人女性の間に生まれた子どもが増加したことに端を発す。その後政府が主導し、1954 年には韓国の養子縁組あっせん団体の大韓社会福祉会の前身である、韓国児童養護会が設立された。その目的は、海外への養子縁組のあっせんを行うことであった。その後、李承晩政権

時には大統領令として海外養子を積極的に推し進めていくための、「孤児養子縁組特別措置法」が制定される。1961 年に制定された新たな「孤児養子縁組特例法」も孤児の福利増進を図ることを目的としているものの、海外の養子縁組を促進するため海外で養子を希望する者が韓国人孤児を養子とする手続きを簡略化する [33] など、海外への養子縁組指向は薄れることはなかった。

　韓国が制度上、国内養子も視野に入れはじめたのは、1976 年の「養子縁組特例法」の制定を契機とする。この法律は、1961 年の「孤児養子縁組特例法」を大幅に改正し、国内養子縁組にも適用を拡大した。しかし、姜・森口らによれば、養子縁組の対象を施設にいる要保護児童に拡大したものの、養子縁組特例法では養子縁組に家庭裁判所の許可を必要としないため、実際には養親が虚偽の出生届を用いて養子を実子として届けることが慣例となり、2011 年の法改正まで、養子縁組特例法による国内養子の大部分は実母の戸籍に出生が記載されず、養親の戸籍に実子として記載されたと推測される [34]。

　韓国政府の統計 [表 5.1] [35] によれば、1953 年から 2014 年までに国内・国外で養子になった人の総数は 26 万人で、その内、韓国の国外で養子になった国際養子は約 16 万人にも及ぶとされている。特に 1981 年から1990 年の養子数は最も高く、国内では 26,533 人、海外での養子は、

30　同前。

31　同前。

32　同前。

33　韓国の養子縁組制度については、田中佑李や（前掲注 12）姜恩和・森口千晶（2016）の論考が詳しく、本稿ではそれらを参照している――田中佑李（2013）「韓国における養子法と家族観：入養特例法を中心に」；田中佑李（2014）「韓国における親養子制度の意義と養子法の改正：家族観との関わりを中心に」。

34　前掲注 12、姜恩和・森口千晶（2016）：14。

35　2017 年 1 月 5 日に韓国の中央養子縁組院を訪問した際にいただいた事業概要 Korea Adoption Services, "KOREAN ADOPTION SERVICES." に掲載された Ministry of Health and Welfare. Table 1: Adoption at home and abroad. を参照。

表5.1　韓国国内・国際養子縁組

(人)

年	国内養子	国際養子	合計
1953–1961	168	4,197	4,365
1962–1970	9,971	6,800	16,771
1971–1980	25,205	48,247	73,452
1981–1990	26,533	65,329	91,862
1991–2000	13,026	22,323	35,349
2001–2010	14,887	17,998	32,885
2011	1,548	916	2,464
2012	1,125	755	1,880
2013	686	236	922
2014	637	535	1,172
合計	93,786	167,336	261,122

65,329 人となっている [36]。これは、全 斗 煥 大統領在任時代 (1981–1987) に、海外養子縁組を「移民拡大および民間外交」と位置付けていたこと [37] が要因である。しかし、2010 年以降は初めて国内養子が 40 年ぶりに国際養子を上回り、1995 年より国内養子縁組を活性化させようと努力してきた結果が実を結ぶ形となったと言える。養子縁組される子どもの背景については、2012 年時点では、国内養子、海外養子の両方とも未婚の母が 9 割以上と高く、次いで施設児童となっている [38]。

　韓国の養子縁組は、韓国の民法で定められている一般養子 (韓国民法 866 条以下)、及び親養子 (同 908 条の 2–908 条の 8) と養子縁組特例法に定める養子の三分類に分けられており [39]、本論ではこれらの養子の内、要保護児童 [40] を対象としている養子縁組特例法 (2011 年 8 月 4 日全部改正、2012 年 8 月 5 日施行) で定める養子や彼らの情報管理を担う中央養子縁組院について検討していく。この養子縁組特例法の改正の背景については、①国内養子縁組が認可によらずに行われていることなどに対して子どもの最善の利益を考慮していないという子どもの権利委員会による勧告、②養育

希望の未婚の母の増加および養育を希望する母親支援策の変化、③海外養子縁組の当事者の活動、④ 2005 年の戸主制度と戸籍制度の廃止を含む家族法の改正[41] が指摘されている。

　改正された養子縁組特例法[42] では、その対象を 18 歳未満の要保護児童とし、養子となる彼らの権益と福祉を増進することを目的としている（第1条）。児童については、その者が生まれた家庭において養育されるということが原則であるが、それが叶わない場合の国や地方自治体の支援と、国内の養子縁組について定めている（第3条）。また、第8条では、国外への養子縁組の減縮に向けた努力についても述べられている。

　この 2011 年の養子縁組特例法の改正により、養子縁組は、児童の利益が最優先となるように行うこと（第4条）が法律の中で言及され、日本でいう家庭裁判所の役割をする家庭法院の許可が必要になった（第11条）。しかしながら、この改正により、子どものルーツ探しのために家族関係登

36　同前。

37　前掲、姜恩和・森口千晶（2016）、年表 2。

38　姜恩和（2014）「2012 年養子縁組特例法にみる韓国の養子制度の現状と課題：未婚母とその子供の処遇を中心に」：65。

39　田中によれば、親養子制度と特例法はその対象が重なる部分があるが、2005 年民法改正時の親養子導入以前は、要保護児童の養子縁組は、専ら特例法によって行われていた──前掲注 33、田中佑李（2013）：3。

40　要保護児童とは、韓国の児童福祉法第 3 条第 4 号に定められる「保護対象児童」のこと。保護者がいないか、若しくは保護者から分離された児童、又は保護者が児童を虐待する場合等、その保護者が児童を養育するのに適当でないか、若しくは養育する能力がない場合の児童をいう──犬伏由子・田中佑李（2013）「韓国「入養特例法」（法律第 11007 号、2011 年 8 月 4 日全部改正、2012 年 8 月 5 日施行）（翻訳）」：109。

41　前掲注 38、姜恩和（2014）：66–67。

42　なお、2011 年の養子縁組特例法については、全て犬伏・田中の日本語訳を引用した。犬伏・田中は、「養子縁組」について、「入養」という用語を使用しているが、本論では日本語でも馴染みのある「養子縁組」という語を用いている。前掲注 40、犬伏由子・田中佑李（2013）：104–132。

録簿 [43] に実親の名前が入る出生届が必須となり、この影響からベビーボックス [44] の利用が大幅に増え、韓国国内では養子縁組特例法の改正も含めた大きな議論となっている [45]。子どもの利益を守るために、法律で規制をかけたことにより、ベビーボックスを通じて子どもを手放す親が多くなってしまうという結果に繋がってしまったことは、今後法律や制度面で改善の余地が考えられるものの、養子縁組特例法による中央養子縁組院の設置により、国内外で養子になった人々の親を知る権利が保障されることになったことは大きな成果といえる。次項では、養子縁組特例法によって設立された中央養子縁組院の役割について論じていく。

2.2　韓国の養子縁組に関する記録の保管と開示

(1)　中央養子縁組院の設立から児童権利保障院へ

　韓国の養子縁組の中央機関である中央養子縁組院は、2012 年の養子縁組特例法によって、設立された。2012 年法の第 26 条では、中央養子縁組院の業務として、①養子縁組児童・家族情報及び親家族を探すのに必要な統合データベースの運営、②養子縁組児童データベースの構築及び連携、③国内外の養子縁組政策及びサービスに関する調査・研究、④養子縁組関連の国際協力業務、⑤その他保健福祉部長官から委託された事業、と明記している [46]。

　中央養子縁組院は、同条で定められているように財団法人であるが、その設立、運営は保健福祉部長官によって行われることが定められており、2007 年 4 月 27 日に施行された韓国の「公共記録物管理に関する法律」(公共記録物管理法) が適用される。公共記録物管理法は、第 1 条で「公共機関の透明で責任ある行政の実現と公共記録物の安全な保存および効率的活用のために、公共記録物の管理に関して必要な事項を定めることを目的 [47]」としている。さらに第 2 条では、法律の適用範囲を「国家的に保存する価値があると認められる記録情報資料等公共記録物」としており、国家機関・地方自治体などの公共機関に定められるところ以外にも

適用できることは大きな利点[48]である。中央養子縁組院では、養子縁組特例法と公共記録物管理法の適用を受けながら、記録の管理を行っており、民間の養子縁組あっせん団体の保管する養子縁組に関する記録も養子縁組特例法で永年保存と定められている（第21条[49]）。2019年の児童福祉法改正により、国の機関として「児童権利保障院 National Center for the Rights of Child：NCRC」（児童福祉法第10条2号、NCRC の設立及び運営）が設立し、中央養子縁組院の業務も統合され、2019年7月以降は、児童権利保障院が業務を担っている。

　養子縁組特例法の施行以降、その影響は大きく、2012年の制定時には中央養子縁組院に対する養子の情報公開請求は258件であったのに対して、2014年には1600件に増加し、その後も増加傾向[50]にある。中央養子縁組院が管理していたデータベースには1950年代からの養子、実親、養親の約23万人の情報が保管されており、情報システムの専門家とソーシャルワーカーが連携して養子の情報公開請求に対応している。また、

43　日本でいう子どもの単独戸籍。

44　日本でも、日本版ベビーボックスといえる熊本県の慈恵病院が2006年に「こうのとりのゆりかご（赤ちゃんポスト）」の設置を熊本県に申請し、翌年認可された。

45　現在韓国では、2か所のベビーボックスが存在し、当初月に2、3件だったとされる利用が、2013年には年間250件の利用件数となった――日本財団ハッピーゆりかごプロジェクト（2016）「韓国の未婚母支援、養子縁組を学ぶ旅　その2：ベビーボックスと養子縁組機関でインタビュー」。

46　前掲注40、犬伏由子・田中佑李（2013）：116。

47　法律の日本語訳については、梅原康嗣（2008）「韓国公共記録物管理法の概要について」を参照した。

48　2017年1月5日の韓国ソウル市にある中央養子縁組院の訪問調査では、中央養子縁組院が作成、保管する記録は、公共記録物管理法と養子縁組特例法の二つが適用されるとの回答を得た。

49　中央養子縁組院の業務が児童権利保障院に吸収された後も、行政機関であることには変わりないので、児童権利保障院で作成された記録も公共記録物管理法の適用を受ける――前掲注40、犬伏由子・田中佑李（2013）：117。

50　前掲注35：13。

過去に養子縁組あっせん事業を運営していたが、現在は閉鎖した団体の資料を発掘し、データベースに随時追加する作業も行っている[51]。こうした過去の記録のデータベース化を養子縁組の中央機関が率先して指揮を執り、実施することは韓国の養子縁組の記録の開示について、民間と連携する上でも有効な手段といえる。

⑵　データベースプロジェクト

　中央養子縁組院は、2013 年からデータベース化プロジェクトを開始している。これは、養子縁組特例法によって、定められた中央養子縁組院の業務の一つである。韓国の養子縁組は国内・海外養子とも民間団体が中心にあっせんを行っており、その中でも養子縁組全体の 96％を占める 4 団体（大韓社会福祉会、東方社会福祉会、韓国社会福祉会、ホルト児童福祉会）の記録の電子化は高い優先順位で行われている[52]。これら 4 つの団体を含む民間の養子縁組あっせん団体によって保管されていた養子縁組記録をデータベース化するプロセスは、特に海外養子が最も多かった 1980 年代から 1990 年代に生まれた養子に特に焦点を絞っている[53]。

　このデータベース化のプロセスの中で中心的な役割を果たすのが、「Operation of Adoption Centralized Management System」（以下、ACMS）と呼ばれる、国内、海外養子に関係する団体が保管していた養子縁組関係の情報（養子、実親、養親、将来的な養親候補）が入っている中央養子縁組院の情報マネジメントシステムである。このシステムに優先度の高い養子縁組に関する記録からメタデータを抽出し、ACMS の中にデータを入力していく。メタデータとして ACMS に入力される基礎データ項目は、養子、実親、養親に関する情報など 51 項目ある[54]。システムを通じて、統一された養子縁組に関する情報は、その後国内養子縁組を促進するのと同時に、養子に対するポストアダプションサービス（再会支援など）を提供することに役立てられる。

　中央養子縁組院の業務を引き継いだ児童権利保障院では、39 の施設 / 機関から約 58,000 件の記録を保存している（2017 年 12 月時点）[55]。これら

の養子縁組に関する記録は、従前と同様に、永年保存とされ、養子縁組
関連の記録を恒久的に保存することで、養子縁組者に自己に関する記録
を提供することを目的としている。

(3)　養子の出自を知る権利とは

　欧州などでは、法律の中で子どもの出自を知る権利を定めている国が
多くある[56]。例えば、イギリスでは、2002 年に施行された養子と子ども法
The Adoption and Children Act の第 60 条[57] で、成人した養子への情報開示を規
定している。この法律は、18 歳になった養子に適用され、養子縁組機関
から里親（養父母）に公開された情報や裁判所からの養子決定に関して定
められた文書の写しなどを受け取る権利を保障する。また、ノルウェー
では、2018 年施行の養子法 The Adoption Act の第 38 条[58] で、養父母に対して、
養子であることを子どもに伝える義務を明記した。法の第 39 条では、養
子が 18 歳に達した場合、養子縁組あっせん機関は、情報に対する権利な
どと情報へのアクセス権を養子に通知しなければならないことが定めら

51　2017 年 1 月 5 日の韓国ソウル市にある中央養子縁組院の訪問調査における質問へ
　　の回答。

52　前掲注 35：18。

53　同前。

54　2017 年 1 月 5 日の韓国ソウル市にある中央養子縁組院の訪問調査における質問へ
　　の回答。基礎データは 51 項目だが、実際はより詳細で、80 項目にも及ぶという。

55　Korean Adoption Services. Family Search.

56　ヨーロッパの中でもフランスは、長く続いてきた「匿名出産」の影響により、子
　　どもが生物学上の親を知ることが難しかったが、2002 年の「養子および国家の孤
　　児のルーツ情報へのアクセスに関する法」によって、「個人のルーツへのアクセス
　　に関する国家諮問委員会（CNAOP）」が設立したことにより、母親の身分証明書
　　等へのコピーへのアクセスを認めるようになった。フランスにおけるルーツを知
　　る権利については、柿本佳美（2008）「「子どもへの権利」は「子どもの権利」に
　　優越するか：フランスにおける「自分のルーツを知る権利」」。

57　Government of the United Kingdom. The Adoption and Children Act.

58　Government of Norway. (2018). The Adoption Act.

れている。

　韓国では、養子の知る権利という形式では法律に明記していないが、2012 年に施行された養子縁組特例法の第 21 条で養子縁組機関の義務として、父母がわからない場合には、父母等の直系尊属を探すために努力しなくてはならないとし、養子縁組情報の公開については第 36 条で、養子となった者は、中央養子縁組院（現在は児童権利保障院）または養子縁組機関が保有している養子縁組情報の公開を請求することができる[59]と定めている。この法律で適用される開示請求の対象は、実父母の情報（名前、生年月日、住所、連絡先）と養子縁組の背景に関する事項（養子縁組当時の実父母の年齢、養子縁組された日及びその理由、実父母の居住地域）、養子となった者の情報（養子縁組前の名前、住民登録番号、住所、出生時、出生場所）、及び養子縁組前に保護されていた施設、又は養子縁組団体の名称・住所・連絡先、そのほか保健福祉部長官が必要であると認める情報[60]である。

　養子となった者は情報開示を請求する場合、児童権利保障院や養子縁組あっせん団体に対し、養子縁組情報開示書（Adoption Information Disclosure Form）と身分証明書（ID）の写しを提出しなければならない。しかしながら、養子となった者が開示請求をしても実親に関する情報は、実親の同意を得て公開しなければならず、同意が得られない場合は、公開ができない[61]。そのため、実親へ確認を取るという作業が不可欠になってくる。

　中央養子縁組院の重要な機能の一つは、現在の居住地を確認することができるようになった点である。もし記録に書かれていた実親の住民登録番号が有効である場合、公的情報共有ネットワーク（Public Information Sharing Network）を利用することが可能になる。しかし、住民登録番号が正確でない場合、または、住民登録番号がなく、名前、誕生日、または養子縁組の時の住所しか確認できない場合、さらなる情報を得るために韓国の警察庁に依頼することもできるようになった[62]。養子縁組特例法の改正以前は、公的情報共有ネットワークにアクセスできない養子縁組のあっせん団体が警察の支援を受け、実親の場所をなんとか特定していたが、2012 年の養子縁組特例法改正から、中央養子縁組院が実親の居場所

の特定の作業を養子縁組あっせん団体から引き継ぎ、公的情報共有ネットワークを利用することで実親の居場所を特定することが容易になった。

2.3　韓国の養子縁組記録の展望

　韓国の養子縁組制度改革は、養子縁組に関する記録管理にも多大なる影響をもたらした。それは、過去に養子縁組をした者、養子縁組をされた者だけでなく、将来的に養子縁組をする者に対しても大きな変化であった。国内、海外養子に関係する団体が保管していた養子縁組関係の情報(養子、実親、養親、将来的な養親候補)が入っている中央養子縁組院の情報は将来的に子どもと養親候補とのマッチングにも利用することを視野にしていた。それにより、これまで各団体が抱えていた子ども、養親希望者が共有されることにより広く、マッチングできる可能性が広がることになった。

　2012 年の養子縁組特例法の改正は中央養子縁組院の設立をもたらし、年間数千にも及ぶ海外養子に対応していくための体制の構築に効果的に働いたといえる。しかしながら、前述したベビーボックスに預けられる子どもの増加に影をひそめる、未婚母への支援などの課題が残っていることも事実である。今後も、社会状況に合わせた支援を行っていくために、養子縁組の中央機関として中央養子縁組院の業務を引き継いだ児童権利保障院の果たすべき役割は、大きくなっていくであろう。

　2020 年 9 月 9 日に韓国では、第 1 回養子縁組の真実の日（The 1st Adoption Truths Day）の国際会議を開催した。会議のテーマは、「養子縁組の正当性：

59　養子となった者が未成年（18 歳未満）の場合、養親の同意が必要とされている
　　──前掲、犬伏由子・田中佑李（2013）：113。
60　同前：104。
61　同前：113。
62　前掲注 35：14。

記録とアイデンティティの課題（Adoption Justice: Issue of Records and Identity）」で
あり、政府関係者、海外で養子縁組された人、研究者など様々な立場の
関係者が集まった [63]。「養子縁組の真実の日の宣言」では、養子や元の家
族から集められた証言や記録から得られた韓国の養子縁組の状況につい
て、報告された。それは、①家族のメンバーによる子どもの拉致、②孤
児院に措置するための拉致、③手放すための不透明な方法、④個人記録
の虚偽の記述、⑤個人の養子縁組の記録の矛盾した情報、⑥家族登録の
改竄、⑦市民権の状態の虚偽記述、⑧身分証明の偽造 [64] が養子縁組の中
で行われていたからである。そのため、宣言では、政府に対して過去の
不正行為を徹底的に調査する真実和解委員会の設置や国の歴史的記録の
訂正と国家の関与の事実の認定、政府や養子縁組機関からの正式謝罪、
養子縁組記録と口頭証言の写しを含む記録保存のための公的に管理され
たアーカイブズシステムなど、7 つの要求を提示している。過去を見直す
ために記録管理の整備は欠かすことはできない。こうした過去の暗い事
実に対して、当事者たちの証言や過去を検証するための記録管理の徹底
は、これまでも多くの国々の真実和解委員会の中で指摘されてきた [65]。
今後、真実和解委員会の設立も含めた韓国の養子縁組の記録管理が当事
者の視点を交え、どのように進展していくのか、こうした動きは、日本の
養子縁組の記録管理にも大きな示唆を与えてくれている。

3　民間の養子縁組あっせん団体に対する　　記録管理に関する調査

3.1　養子縁組あっせん団体が管理する記録管理の現状

　日本における民間の養子縁組あっせん団体に対しての記録管理に関す
る調査（第 1 次調査：2016 年 5 月〜 2017 年 3 月）について論じる前に、2016・
平成 28 年 12 月 26 日の「第 9 回　児童虐待対応における司法関与及び特

別養子縁組制度の利用促進の在り方に関する検討会」で提出された資料において、養子縁組に関する記録保管についての調査結果が報告されているので、触れておきたい。

「特別養子縁組に関する調査結果について（平成 28 年 12 月 9 日現在）」としてまとめられた資料は、厚生労働省が全国の児童相談所（209 か所）及び民間の養親縁組あっせん団体（22 か所）に対して実施した調査報告[66]である。この調査では、子どもの出自に関する情報提供等にも焦点をあて、「特別養子・普通養子に関する資料の保管方法等」について、特別養子縁組と普通養子縁組の相違、資料の保管方法、文書保存に関する総則的な規定のほか、運用上の養子縁組に関する資料の保管方法等における明文化されたルールの存否を含めた現状について調べた。調査結果の有効回収率は、約 98 ％（209 児童相談所、18 団体、2016・平成 28 年 12 月 9 日現在）なので、ほぼすべての養子縁組あっせんに関係する機関が回答している。

　[表 5.2] は、「特別養子・普通養子に関する資料の保管方法等」の「特

63　会議は、新型コロナウィルス感染症（COVID-19）の影響で、当初の予定を変更し、オンラインで開催された。基調講演では、アーティスト・活動家・アーキビストで自らも韓国からベルギーへの海外養子であるキムラ・ビョル・ナタリー・レモイン Kimura Byol-nathalie Lemoine が登壇し、セッション１では、国内外で養子縁組された５人がそれぞれ記録とアイデンティティの課題について報告された。第１回養子縁組の真実の日国際会議準備委員会（2020）「養子縁組の正当性：記録とアイデンティティの課題（Adoption Justice: Issue of Records and Identity）」：5。

64　同前：7。

65　例えば、南アフリカのアパルトヘイトに関する真実和解委員会やカナダの先住民の子どもたちが生活していたレジデンシャルスクールに関する真実和解委員会など様々な国で真実和解委員会が設立されている。南アフリカのアパルトヘイトから民主主義への移行期の記録の問題について取り上げた本としては、ヴァン・ハリスのものがある——Harris, Verne. (2007), *Archives and justice: A South African perspective.*

66　厚生労働省（2016）「第 9 回児童虐待対応における司法関与及び特別養子縁組制度の利用促進の在り方に関する検討会　資料 3「特別養子縁組に関する調査結果について（平成 28 年 12 月 9 日現在）」」。

表 5.2　特別養子・普通養子に関する資料の保管方法等

機関数（％）

機 関	特別養子縁組と普通養子縁組の相違		資料の保管方法			明文化されたルール 1)	
	あり	なし	紙のみ	電子媒体のみ	両方	あり	なし
児童相談所	15 (7.2)	194 (92.8)	94 (45.0)	0 (0.0)	115 (55.0)	105 (50.2)	104 (49.8)
民間あっせん団体 2)	0 (0.0)	17 (100.0)	8 (47.0)	1 (5.9)	8 (47.0)	8 (47.0)	9 (52.9)

注）1）文書保存に関する総則的な規定のほか、運用上の養子縁組に関する資料
　　　の保管方法等における明文化されたルールの有無。
　　2）民間あっせん団体 1 団体が未回答。

厚生労働省（2016）「第 9 回児童虐待対応における司法関与及び特別養子縁組制
度の利用促進の在り方に関する検討会　資料 3「特別養子縁組に関する調査結果
について（平成 28 年 12 月 9 日現在）」」：30 より。

別養子縁組と普通養子縁組の相違」について表したものである。特別養
子縁組と普通養子縁組で資料の保管方法に相違があると答えたのは、児
童相談所で全体の 7.2％で、相違なしと回答したのは 92.8％であった。民
間のあっせん団体では、特別養子縁組と普通養子縁組で資料の保管方法
に相違があると答えたのは、一団体もなかった。これは、民間あっせん
団体の取扱う養子縁組のケースの、ほぼ全てが特別養子縁組であるため
に当然の結果といえる。

　「資料の保管方法」については、紙と電子媒体の両方で保管していると
答えた児童相談所が一番多く、55％であった。紙媒体での保管を行って
いるところも多く、45％を占めており、電子媒体のみで保管している児童
相談所は全くなかった。一方で、民間あっせん団体では、紙媒体のみで
の保管を行っている団体と紙と電子媒体の両方を用いている団体とが約
半数ずつあり、一団体のみが電子媒体の保存を行っていた。現在は、児
童相談所と民間あっせん団体を合計しても、電子媒体の管理を行ってい

表 5.3　特別養子・普通養子に関する資料の保存期間

機関数（%）

機 関	30 年	永年	その他
児童相談所	25 (12.0)	133 (63.6)	51 (24.4)
民間あっせん団体	0 (0.0)	14 (82.4)	3 (17.6)

出典：表 5.2 に同。

る機関は一つだけにとどまるが、近年では行政機関においても、オフィスのペーパーレス化を進める自治体も増えてきており、今後、紙と電子媒体の両方の記録管理は課題にあげられるであろう。

　養子縁組に関する資料の組織内の内規などを含む明文化されたルールの有無については、児童相談所も民間のあっせん団体も明文化されたルールが有ると回答したところと、無いと回答したところがほぼ半数ずつであった。

　［表 5.3］の資料の保存期間については、児童相談所では 6 割以上が、民間あっせん団体では 8 割以上が、資料の保存期間は永年だと回答している。これは、明文化されたルールがない組織においても、資料を永年で保管するという認識が、養子縁組のあっせん業務をする組織の中にあることを読み取ることができる。しかし、その他の回答の中には、「子どもが 25 歳になるまで」、「子どもが 40 歳になるまで」、「子どもが 50 歳になるまで」という養子の年齢で期限を設けているところや「終結後 5 年」、「長期間」という回答もあった。

　日本財団が 2016 年 5 月から行ってきた「養子縁組記録の保管とアクセス支援」についての調査は、厚生労働省が進めてきた調査と重なる部分があるものの、その主眼は、民間のあっせん団体の記録管理に置かれている。民間のあっせん団体における、①子ども及び実親について収集される情報の内容を明らかにすること、②子どもの記録の保管状況（場所や期間等）を明らかにすること、③当事者（養子、実親、養親）からのアクセス

表5.4　特別養子縁組に関する記録保管等

(%)

機　関	記録の保管形態			保管場所	
	紙	電子媒体	両方	事務所内	事務所とは異なる場所
民間あっせん団体	31	8	61	85	15

出典：表5.2に同：6。

　への対応実績や体制を明らかにすることを目的としている。さらに記録
保管とアクセス支援の現状と課題を明らかにした上で、今後求められる
新たな制度についての提言をまとめることも視野にしている[67]。

　調査の対象となったのは、養子縁組に関するあっせん事業を行ってい
る団体（2015年度10月現在、第2種福祉事業の届け出があるもの）である。該当
する団体は13団体で、過去に養子縁組の実績がない団体は除いている。
団体は、1950年代に設立したものから、ここ数年間で設立した団体もあり、
病院を母体とするものから、NPOとして事業をおこなっている団体など
背景は様々であった[68]。

　いくつかの質問は、厚生労働省が行った調査と重なっているが、厚生
労働省が調査対象としなかった民間あっせん団体もこの調査では、対象
としているので、保管している情報の形態について記しておきたい。[**表
5.4**]に示した、保管している情報の形態は、紙媒体・電子データ・両方
のいずれであるか、という質問では、紙と電子媒体の両方と答えたとこ
ろが一番多く、61％で、続いて紙と答えたところが31％、電子媒体と答
えたところが8％だった。そして、記録に記入する項目としては、養子と
なる子どもの名前、生年月日、出生地、実母・実父に関する情報など、
養親が特別養子縁組の申し立て時に裁判所へ提出する「特別養子縁組申
立書[69]」に必要な項目を中心に各団体とも記録を行っていた。また、記
録を管理している場所は事務所の中が85％を占めていた。

表5.5 特別養子縁組の記録開示範囲の
決定方法

	(%)
組織内で会議等をして判断	77
外部の専門家に相談してから判断	0
担当者が判断	15
未定	8

出典：表5.2に同：7。

表5.6 特別養子縁組の記録の
開示方法

	(%)
郵送での情報提供	39
対面で情報提供	23
再会支援を行っている	8
未定	15
その他	15
無回答	0

出典：表5.2に同：8。

表5.7 記録の周知・啓蒙活動を
しているか

	(%)
している	15
していない	85

出典：表5.6に同。

　[表5.5] は、記録の開示の範囲の決定についての質問である。いくつかの団体は、少なくとも20歳以上など年齢制限を設けていたが、記録を開示して欲しいという養子縁組の当事者たちにどういった情報をどこまで開示するかといった記録の内容に関しては、どの団体も明確なルールをもっていなかった。そのため、77％が記録の開示の範囲は組織内で会議等をして判断していると回答し、15％が養子縁組を対応した担当者が決定するとした。この当事者への記録の開示に対応する人について尋ねた

67　この調査は、日本財団の研究員徳永祥子（当時）と筆者が実施したアンケート調査（訪問調査）である。調査結果については、日本財団のホームページで公開されている。本節では、このデータを使用して分析をすすめる。なお、報告書では、アンケート結果を円グラフで表していたが、本書では表にしている——日本財団（2017）「養子縁組の記録とアクセス支援に関する報告書」。

68　調査対象とした団体の名称については、この調査自体が団体名を隠しておこなっているため、本論でもあっせん機関名については伏せている。

69　特別養子縁組申立書については、記入例と書式を裁判所のホームページから手に入れることができる——裁判所「特別養子縁組成立の申立書」。

ところ、多くの団体が、他の業務を兼務するソーシャルワーカーと回答した。

　また、記録の開示方法［表 5.6］の手段としては、郵送での情報提供や対面での情報提供を実施しており、まだ、開示請求を経験していない民間あっせん団体も将来的に開示請求の対応や再会支援などを実施したい意向を示した。

　［表 5.7］では、特別養子縁組に関する記録があり、子どもたちに記録へのアクセスができることを周知や啓蒙しているのかを尋ねた。実施しているのは 15％（2 団体）のみでまだ養子に関する記録の存在を多くの人が知るような状況に至っていないことが分かった。

　この調査を通じて、ほぼ全ての団体が、現在ある記録や今後将来にわたって増加していく記録の管理やアクセスについて、不安を抱いていることがわかってきた。しかし、同じような悩みをもつと思われる民間あっせん団体は、団体同士の協議会などがなく、各団体によって記録管理や開示の方針が大きく異なっていた。また、団体は小規模に運営されているところがほとんどで、団体が閉鎖した場合の記録の行く先についても不安に思う関係者が多くいた。実際に 1950 年代、岩国の米国空軍関係者などを中心に約 400 人の養子縁組を成立させたと言われている「広島ベビー救済協会」という団体や 1970 年代から養子縁組を行っていたとされる愛知県産婦人科医会も、閉鎖されるまでに国内、国外合わせて 1,255 件に及ぶ養子縁組を成立させた [70] と言われているが、その後の記録は行方しれずとなっている。その背景には、養子縁組のあっせんに携わってきた人たちの強い意思も働いている。

　「広島ベビー救済協会」を設立した景山浄子と関係があり、自身も養子縁組の支援や里親として子どもを養育していた大羽賀秀夫は、景山との会話を以下のように振り返っている。「活動の記録も相当な量があり、かつて家内がそれらの整理を申し出た時に「私が死ぬ時はすべて処分する」と云われた。個人情報の散逸を恐れる事よりも、存在すること自体を消し去ろうとする事は、今の私には理解できる [71]。」そして、自らも養子縁

組あっせん団体の代表を務めていた大羽賀は、こう続ける。「私も、特別養子縁組3人と里子2人の5人の親である。個人情報の最たるものとしての「記録」が存在する事は実に嫌なものである。私も養子縁組の活動をライフワークとしている。私もこの活動を止めるとき、景山さんと同様に考えるであろう[72]。」これはあくまでも、特別養子縁組あっせん法が施行される以前のことで、この数十年で真実告知に対する考えも大きく変化してきている。しかしながら、各団体で特別養子縁組に関する記録へのアクセスに対する考えは、必ずしも一様ではない。この特別養子縁組の記録は、果たして養子縁組のあっせんを行ってきた人たちだけのものなのだろうか。一方で、その記録を保存するのか、廃棄するのかという選択ができるのは、記録の物理的な所有者となっている自治体や民間の養子縁組のあっせん団体である。養子縁組のあっせんされた団体によって、養子縁組の記録のアクセスに差異がでてもよいのだろうか。

　国連の子どもの権利条約の第7条1項では、「児童は、出生の後直ちに登録される。児童は、出生の時から氏名を有する権利及び国籍を取得する権利を有するものとし、また、できる限りその父母を知りかつその父母によって養育される権利を有する[73]」と定めている。そのため、当事者たちが記録にアクセスするのか、しないのかという選択肢を彼らに委ねるためにも、記録管理の統一的な方針が必要不可欠である。日本以外の国では、地方自治体や国などの公的機関が養子縁組に関する記録や情報を一括して管理する場合が多く、民間に養子縁組のあっせんの記録管理の比重の大部分が置かれている日本のような状態は類をみない。

　こうした状況の中で、養子縁組の当事者たちに安定した記録へのアクセス体制を確立するためには、一元的な記録管理や提供サービスができ

70　堀章一郎編（2011）『岡山県ベビー救済協会20年の歩み』：3–4。

71　同前：268。

72　同前：270。

73　序章・注36（13頁）を参照。

る体制や環境が必要不可欠である。次項では民間のあっせん団体である社会福祉法人日本国際社会事業団の実践を検討する。

3.2　養子縁組記録へのアクセス支援
社会福祉法人国際社会事業団 ISSJ の実践

　1952 年に設立した社会福祉法人国際社会事業団 International Social Service JAPAN（以下、ISSJ）は、第二次世界大戦後、戦争孤児や当時「混血」と呼ばれた子どもの救済のために発足した日米孤児救済合同委員会を前身としている。ISSJ では、発足当時からの養子縁組に関する記録を全て保存しており、保存されている記録には、当時のソーシャルワーカーと実親の面接記録や、本人や養親・実親の写真、母子手帳などがある [74]。

　ISSJ は従前、養子からのルーツ探しの問い合わせに対応してきたが、2020 年 10 月に日本財団の助成を受け、養子縁組後の相談窓口を開設した。相談にはソーシャルワーカーや公認心理士が対応にあたっている。この相談窓口の設置に先がけて作られた「ルーツ探しに関心のある養子の方へ」[75] という冊子では、ルーツ探しの方法としてどんな記録がどこで作成されているかだけでなく、「ルーツ探しをする前に考えること」として記録が保存されていなかった場合など、リスクも含めた様々なことを想定しておく必要を訴えている。実際に記録から情報を得て、養子が元の家族との再会を望む場合も、ISSJ では、ソーシャルワーカーが元の家族に手紙で連絡をとり、承諾を得るというプロセスを踏んでいる。

　他の機関で養子縁組をされた場合も ISSJ はルーツ探しの相談に応じているが、他機関の記録を探すということでの限界もある。全ての養子縁組あっせん団体が、統一されたルールの下で記録を管理していないため、記録の保存期間や保存されている記録の情報量にも偏りが出てくる。こうした状況は、統一された記録管理のルールを徹底しない限り、続いていく可能性がある。

——増加する特別養子縁組に記録管理体制をどう備えていくのか

　2018・平成30年4月1日に養子縁組あっせん法が施行された。法の第5条では児童等の個人情報の扱い、第33条に養子縁組の成立後の支援について明記している。しかし、今回実施した調査を通じて、児童等の個人情報を含む養子縁組情報の管理については、これまで法律に定められていないことから、各団体で情報の管理やその使用目的についても異なる意識を持ち、養子への情報提供が行われていることが確認された。そのため、現行のまま養子等の個人情報の管理をしていくことは、養子縁組の成立後の支援の「必要な情報の提供[76]」の際にも影響を及ぼすことが危惧される。そこで、今後養子縁組に関する情報の管理と体制整備を行うことで、統一された方針・ルールの下、養子縁組の成立後の安定した支援を行うための基盤づくりをする必要がある。

　そのためには、韓国の中央養子縁組院（現・児童権利保障院）に代表されるような、養子縁組に関する情報を責任をもって管理する中央機関が将来的に日本にも必要なのではないだろうか。情報の管理を民間に委ねている現在のような状況は、養子の知る権利を法律の中で明記したとしても、その根底の養子縁組に関する情報を失ってしまえば、意味をなさなくなってしまう恐ろしい状況をつくっている。

　2021年3月26日、厚生労働省は、個人情報保護委員会と協議し、「民間あっせん機関による養子縁組のあっせんを受けて養子となった児童に関する記録の保有及び当該児童に対する情報提供の留意点について（子

74　社会福祉法人国際社会事業団「ルーツ探しに関心のある養子の方へ」：1。

75　前掲注72。

76　養子縁組あっせん法の第33条では、「民間あっせん機関は、その行った養子縁組のあっせんについて、養子縁組の成立後において、養子となった者、養親となった者又は養子となった者の実父若しくは実母を支援するため、その求めに応じ、必要な情報の提供、助言その他の援助を行うよう努めるものとする。」と定めている。

家発 0326 第 1 号）」を各都道府県等の民生主管（部）局長宛に通知した。
通知は、実父母等のプライバシー等に配慮しつつ、養子となった児童の
出自を知る権利を保障するために、記録すべき情報や当該児童や養親に
対して当該情報を提供するに当たって留意すべき点を示すために策定さ
れた。そして、実父母の障害・健康状態・既往歴などは、実父母の同意
を得ることが困難であるときには、養子の生命及び身体の保護のため、
実父母の同意がなくとも養子となった児童又は養親に提供することがで
きることが示された。民間のあっせん団体が記録すべき情報及び記録が
望まれる情報を示したことは、評価できる一方で、情報提供のために実
父母へ同意を取る時期や同意の撤回の対応など、多くは未だに各民間の
あっせん団体、それぞれの対応に委ねられている。

　児童の権利に関する条約第 7 条第 1 項では、児童は、「できる限りその
父母を知りかつその父母によって養育される権利を有する」と定められ
ている。養子が実親の情報を知りたくて情報の開示を請求することが考
えられる一方で、実親の知らされない権利にも配慮する必要があるとい
う声もある。そのため、海外で行われているように実親に情報を開示し
てもよいか確認できるようなシステムの導入も広く検討していくべきであ
る。安易に一方の知る権利だけを推し進めることは、もう一方の権利を
侵害する恐れもある。そのため、個人情報の開示の扱いについては、双
方のバランスをとるために利害関係者を含めた話し合いを持ち、その手
続きを明確にし、関係団体に記録管理のルールを徹底させることが記録
の開示のためには不可欠である。

第 6 章

社会的養護におけるアーキビストの
専門職としての役割

公平で、公正な利用者の支援とは何か

はじめに──

　日本が批准している国連の子どもの権利条約では、「締約国は、児童が法律によって認められた国籍、氏名及び家族関係を含むその身元関係事項について不法に干渉されることなく保持する権利を尊重することを約束する。締結国は、児童がその身元関係事項の一部又は全部を不法に奪われた場合には、その身元関係事項を速やかに回復するため、適当な援助及び保護を与える」[1]と定められている。しかしながら、家族と離れて生活をしている社会的養護の子どもたちや養子縁組された人たちの中には、自分に起こった事を知らずに過ごしてきた人々もいる。

　日本の社会的養護の下で養育された経験があるケアリーヴァーは、自らの生い立ちについて「わからないまま」であるとし、大学 1 年生の時に、自らが育った施設に生い立ちを知りたいので、ケース記録を読ませてほしいと訪問した[2]。しかし、施設から親のことについて教えてもらえず、「何で自分は知らないのに（施設職員とか）ほかの人は知っているんだろう」と感じたことを回想している[3]。大学 1 年生といえば多くは 18、19 歳くらいの年齢で、国際的な「子ども」の定義においては、大人として見られる[4]。

　本章では、そうしたケアリーヴァーや養子という自らの生い立ちや過去の生活について知りたいと思う人たちにとっての、記録へのアクセスについて検証していきたい。まずアーカイブズへのアクセスに関わる重要な原則として、国際文書館評議会 International Council on Archives（以下、ICA）が定めたアーカイブズへのアクセスの原則とガイダンスを確認する。第 2 節では、国際的な原則や方針は実際にケアリーヴァーや養子へのアーカイブズのアクセスが行われる現場で生かされているのか、また、何が妨

げになっているのかについて、ノルウェーやオーストラリアの事例から分析する。2つの国は20世紀後半に国の政策で、多くの子どもが社会的養護の下で生活し、その後自らの記録を探し求める人が増加した背景がある。そのため、彼らに記録を提供する専門職は、従来までのアクセスの方針を考慮しながらも、当事者の要望を尊重する中で、最善の方法を模索している。第3節では、アクセス支援を行う専門職の役割について、倫理綱領や前節であげた事例を元に議論を深めたいと考えている。

　次に、本章で用いるアクセスという用語について定義したい。「アクセス」は、曖昧で文脈によって使い分けられることが多いが、広義の意味では、「文書（documents）または情報を発見し、利用する、または近づくための手段[5]」と定義される。また狭義の意味では、「アーカイバルレコード（archival records）から情報を得ること、または、それを使い調査を行う権限」、さらには、「レコード、アーカイブズ、またはマニュスクリプトの利用、または調査するための許可[6]」と明記されている。

　さらに、国際文書館評議会（ICA）の用語集では、「①文書及び/又は情報を見つけ、利用し、又は取り扱う権利、機会又は方法。②データ処理においては、記憶装置にデータを入力し、及び記憶装置からデータを検

1　ユニセフ「子どもの権利条約」。
2　このインタビューに答えていた20代女性は、小学校5年生の時に母親からの虐待から逃れるため家から出奔し、その後、虐待を学校に訴えて施設に保護された——長瀬正子・大八木真帆（2017）「社会的養護当事者の語り（23）」：86。
3　同前：88。
4　前掲注1。日本でも、民法の改正により2022年4月1日から成人年齢が引き下げられ、18歳から成人となる。国際的な子ども（児童）の定義として、子どもの権利条約の第1条によれば、「18歳未満のすべての者をいう。ただし、当該児童で、その者に適用される法律によりより早く成年に達したものを除く」とされている。
5　Bellardo, Leis., & Bellardo, Lady. (Eds.) (1991). *A Glossary for archivists, manuscript curator, and records managers.*
6　Daniels, M. F., & Walch, T. (Eds.). (1984). Glossary: 339;　Evans, F., et al. (1974). A Basic glossary for archivists, manuscripts curators, and records managers: 416.

索する一連の行為[7]」としてアクセスを定義する。そして、アメリカのアーキビスト協会の用語集によれば、「①カタログ、インデックス、検索手段、または他のツールの使用を通じて、関係する情報を探し出す能力、②プライバシー、秘密性やセキュリティの許容度の法律的に確立された制限の中で、利用（相談、またはレファレンス）のために情報の所在をつきとめ、引き出すための許可、③コンピュータ関係：記憶媒体から情報を引き出すための物理的なプロセス[8]」とされている。

　また、類似する意味で使われるアクセシビリティについては、「通常の利用を妨げられる障がいのある個人へアクセスを提供するという含意があるけれども、アクセスとアクセシビリティは、頻繁に同意語として使用される[9]」ことがあるため、本論では、2つを同様の意味として用いることにし、広義の意味でのアクセスという視点から論じたい。

　記録へのアクセスを提供する上でのレコードキーピングの役割について論じたエリザベス・シェパード E. Shepherd は、信頼できる記録へのアクセスを提供することを、アカウンタビリティや透明性、良いガバナンスのための必要条件の一つとして挙げている[10]。さらにアルヴァーロ・エレーロ A. Herrero は、情報へのアクセスが基本的人権だけでなく、より開かれた組織を構築するための透明性やアカウンタビリティへの貢献の重要な手段である[11]と言及している。エレーロの指摘は、ケアリーヴァーたちが記録にアクセスすることは、基本的人権を獲得できるだけでなく、それはもう一方で、社会的養護の施設などにとっても、より開かれた組織にするための手段としてのメリットと捉えることができる。

　本章では、ケアリーヴァーや養子を対象に議論を展開していくが、中にはこの2つのグループを一緒に論じることに疑問を持つ人たちもいるかもしれない。現在日本では、約4万5千人[12]を超える子どもたちが、虐待や家庭の事情などから家族と離れて生活を送っている。その約8割が社会的養護などの施設で養育されて、この日本の状況は、国連から勧告を受けている[13]。勧告では、親の養護のない児童への家族基盤型の代替的児童養護についての政策の不足を指摘しており、里親が小規模なグ

ループ施設のような家族的環境において児童を養護することなどを明記している。いまや、養子縁組[14]は血縁や家の存続のためだけでなく、家族からの養育を受け続けられるようにするための代替的手段、又は児童を家族の養護のもとに戻すための活動を支援し、それに失敗した場合の永続的解決策[15]と考えられている。言わば、養子縁組は、社会的養護の選択肢の一つであり、今後も養子縁組が増加していくことが考えられるので、本論ではこの 2 つを包括的に見ていくこととする。

1　ICA のアーカイブズへのアクセスの原則とガイダンス

　1990 年代の初めに、ヨーロッパで起こった政治的な変革の結果として、ヨーロッパのアーキビストたちは、「アーカイブズのアクセスにおけるヨーロッパ標準ポリシーのアウトライン Outline of a Standard European Policy on Access

---

7　International Council on Archives. (2015). Access.

8　Society of American Archivist. (2020). Archives Terminology, Access.

9　同前。

10　Shepherd, E. (2017). Chapter 10: Right to Information: 248.

11　Herrero, A. (2015). Access to information commitments in OGP action plans: A report on the progress of reforms worldwide: 4.

12　厚生労働省子ども家庭局家庭福祉課「社会的養育の推進に向けて（参考資料）令和 3 年 5 月」: 2。

13　日本は、2010 年に国連の児童の権利委員会の「条約第 44 条に基づき締約国から提出された報告の審査」の中において、勧告を受けている。序章の注 36（13 頁）を参照。

14　養子縁組については、日本では民法で定められた一般養子縁組と特別養子縁組の制度がある。一般養子が家の存続などのための養子と言われるのに対して、特別養子縁組は、子どもの福祉のための制度であるとされ、原則 6 歳未満の子どもを対象としていたが 2020 年 4 月より民法の改正により、年齢が引き上げられ、15 歳未満が対象となっている。

15　厚生労働省雇用均等・児童家庭局家庭福祉課仮訳「国連総会採択決議　64/142. 児童の代替的養護に関する指針」: 2。

to Archives」を作成した。このアウトラインは 1997 年に ICA のエディンバラの年次総会にて、採択された。しかしながら、このアウトラインは公的な政府のアーカイブズに焦点をあてており、非政府文書以外の記録への言及は一つだけであった[16]。その後、政府と非政府アーカイブズの両方への適用に言及したのは、2012 年に出された「アーカイブズへのアクセスの原則 Principles of Access to Archives[17]」（以下、「アクセスの原則」）だった。「アクセスの原則」は、2010 年のパリの会議でワーキンググループによって起草された後、2011 年 8 月には、草案を ICA のウェブサイト上で公開し、27 の国や団体、個人からコメントが寄せられた。その意見を反映し、若干の変更が加えられ、2012 年に公開された。アクセスの原則の序章部分では、1996 年の ICA 倫理綱領の原則 6 と原則 7、2010 年の「世界アーカイブズ宣言」に触れており、それらに準拠した原則である。

　「アクセスの原則」で触れられている ICA の倫理綱領は、アーカイブズの専門職の行動に質の高い基準を確立するために設けられた[18]。倫理綱領の原則 6 では、アーキビストは、可能な限り、アーカイブズ資料（archival materials）の広範囲なアクセスを促進し、全ての利用者に公平なサービスを提供しなければならない[19]とし、アーキビストはあらゆる方面に対して、公正な助言を行い、バランスのとれる範囲でサービス提供を行うために、利用できる資源を採用するべきだとした[20]。また、原則 7 は、アーキビストはアクセスとプライバシーの両方を尊重し、関連の法律の中で、行動しなければならない[21]ことに言及している。記録の作成者または、記録の対象となる個人、特に資料の利用、または廃棄に声をあげられない個人のプライバシーを尊重しなければならない[22]ことを明記している。

　倫理綱領の原則 7 で示されていることは、本論が対象とするケアリーヴァーや養子縁組された人たちにも関係する。特に、次節で検証を行う、ノルウェーやオーストラリアの問題とも大きく関わってくる原則である。このような視点から「アクセスの原則」を見てみると、その原則 5 と原則 6（以下、「アクセスの原則 5」「アクセスの原則 6」）は、ケアリーヴァーや養子のような制限された記録へのアクセスが認められる存在について、アー

キビストが配慮しなくてはいけないことを喚起するものとなっている。

「アクセスの原則5」ではアーカイブズが公正で、公平な条件で提供されることが述べられている。

> アクセスの原則5：　アーカイブズは平等かつ公平な条件で提供される。
>
> アーキビストは、分け隔てなく、公平で適切なアーカイブズへのアクセスを利用者に提供する。多くの異なるジャンルの人々がアーカイブズを利用し、そしてアクセスのルールは利用者のジャンルごとに差別化されるかもしれない。（例えば、一般の人、生みの親の情報を探している養子、病院記録から統計情報を探している医学の研究者、人権侵害の被害者など）アクセスの規則は、分け隔てなくそれぞれのジャンルの中で全ての人に平等に適用される。一般の人々に、非公開資料が見直され、アクセスが許されるとき、同様の諸条件の下で、その資料が全ての一般社会のメンバーにとっても利用できるべきである[23]。

アーキビストは、分け隔てなく、公平で適切なアーカイブズへのアクセスを利用者に提供するという文言の中で、草案段階には、「分け隔てな

16　アウトラインでは、可能な時はいつでも、公的なアーカイブズに対するアクセスに則して、プライベートアクセスに対するアレンジメントをもたらすための試みがなされるべきと提言された——International Council on Archives. (2012). Principles of Access to Archives: 3.

17　同前。

18　International Council on Archives. (1996). Code of ethics: 1.

19　前掲注 16、International Council on Archives. (2012): 3.

20　同前：2.

21　同前：3.

22　同前。

23　同前：9.

く」という言葉は含まれていなかった。しかし、公開された原則の例では、一般人、生物学上の親を探している養子、病院の記録から統計の情報を探している医学分野の研究者、人権侵害の被害者などが利用者の場合、アクセスに関する規制はそれぞれのジャンルの中で、「分け隔てなく」、全ての人に平等に適用されるとしている。

　「アクセスの原則5」で示された、利用制限された記録へのアクセス請求への対応は、ICA がアーカイブズへのアクセスの原則に関する「制限のあるアーカイブズの管理のためのテクニカルガイダンス」（以下、テクニカルガイダンス）として、2014年の2月に公開された手引きでも強調されている。テクニカルガイダンスは、必要な制限の実施と複雑な専門職の機能についてアドバイスを提供することを目的としている[24]。

　例えば、利用者からの利用請求を受け取った場合、アーキビストはその資料が提供できるかどうかをまず判断しなくてはならない。テクニカルガイダンスでは、その判断をアーキビストが下すために参照する決定チャートのサンプルも提供されている。一般には記録が公開されていない場合も、アーキビストはその利用請求者が、例外として制限された記録へのアクセスが適格であるかを判断しなくてはならない。このことは「アクセスの原則6」で言及されている。

　　　アクセスの原則6：　資料を所蔵する機関は、たとえ一般の人々には公開されていない資料であっても、国際法に基づく、深刻な犯罪の被害者が、彼らの人権を主張するために必要な証拠を提供する資料や、彼らを侵害する文書にアクセスすることを保障する。

　　　国際連合人権高等弁務官事務所の不処罰と闘う行動を通じて人権の保護及び促進を求める一連の原則（2005）は、国際法に基づく、深刻な犯罪の被害者がその侵害について真実を知る権利を有していると宣言している。この原則は、真実を知り、人権侵害の責任を相手に負わせ、賠償を要求し、人権侵害に備えて防御することにおいて、

資料にアクセスすることが、極めて重要な役割を果たすと強調している[25]。

アーカイブズ機関は、人権を守るため、また国際法に基づく深刻な犯罪が起きたときに、人権の侵害に異議を唱えるために必要な証拠を入手し、保持する。たとえそのアーカイブズが一般の人々には非公開とされていても、人権の目的で資料へのアクセスを求める人は、関係する資料へのアクセスが与えられる。人権の目的のためのアクセスへの権利は、公的な資料に適用される。そして、可能な範囲内で、私的な資料にも適用される[26]。

　「アクセスの原則6」では、資料を所蔵する機関がたとえそれらの資料を一般の人には公開していなくても、国際法に基づく深刻な犯罪被害者が、彼らの人権を主張するためや人権侵害を文書化するために必要とされる証拠を提供する資料へアクセスすることを保障している[27]。そして人権を目的とする資料へのアクセスは、公的な資料に適用されるのは勿論のこと、可能な範囲で私的資料にも適用されることにも言及された。これは、2005年の国際連合人権高等弁務官事務所の一連の原則[28]にも、犯罪の被害者の知る権利として掲げられているように、犯罪被害者やその家族が、法的手続きに関わらず、人権侵害について真実を知るための法的に拘束されない権利を持つ[29]とされている。

24　International Council on Archives. (2014). Principles of Access to Archives, Technical Guidance on Managing Archives with Restrictions: 2.

25　前掲注16、International Council on Archives. (2012): 3.

26　同前。

27　同前。

28　United Nations High Commissioner for Human Rights. (2005). Report of the independent expert to update the Set of principles to combat impunity, Updated Sets of principles for the protection and promotion of human rights through action to combat impunity.

29　同前：4.

　こうした国際的な原則やガイドラインが整備されてきたにも関わらず、養子やケアリーヴァーの記録へのアクセスの現場では、実際に記録にたどり着くまでの障害とある種のジレンマが存在した。次節では、養子とケアリーヴァーについてのアクセスについて、ノルウェーとオーストラリアでの課題について着目し、検討を加える。

2　「アーカイブズへのアクセスに関する原則」と現場実践における障壁とジレンマ
母子保護施設レーベンスボルンの記録とその記録提供の在り方

　本節では、ノルウェーのレーベンスボルン Lebensborn に関する記録へのアクセスで生じた課題について論じていきたい。ノルウェーは、ヨーロッパのスカンジナビア半島にある立憲君主制国家で、第二次世界大戦中にドイツ軍の侵略を受け、その占領下に置かれた。そのドイツ軍の占領期間に、ナチス親衛隊によってノルウェーに設置されたのが、日本語で「生命の泉」という意味をもつ、母子保護施設レーベンスボルンである。

　レーベンスボルンは、ナチスドイツの人口政策のため[30]の手段として、1941年、ドイツ占領兵士とノルウェー人女性との子どもを世話するために、ノルウェーに設立された。施設では、母親が子どもと暮らすこともできたが、もし子どもを養育しないと決めた場合は、ドイツへ養子に出すこと[31]も支援していた。ノルウェー国内の11施設で約300人が働いていた[32]レーベンスボルンであったが、ドイツの敗戦によりその状況は一変することになった。

　第二次世界大戦後、ノルウェーは戦争中にドイツ兵と関係を持った女性を逮捕したり、また、国籍の剥奪を行った。こうした国家をあげての敵対的な姿勢は、その子ども達にも波及することとなった。その様子は、1945年11月にオーストラリアの移民委員会が労働力獲得のための移民促

進の一環としてノルウェーを訪問した際に、第二次世界大戦中にノルウェー人女性とドイツ占領軍兵士との間に生まれた子どもたち 9,000 人をオーストラリアに送ることを提案した[33] ことからも窺い知ることができる。

　ノルウェーにレーベンスボルンが設立された 1941 年からドイツが降伏する 1945 年までの間に、レーベンスボルンでは約 8,000 件のケースファイルを登録し、子どもたちの親、健康状態、人種（racial conditions）などを記録した[34]。しかし、日本軍が第二次世界大戦の敗戦時に行ったように、終戦までにドイツは、連合軍の記録へのアクセスを防ぐために多くの記録を破棄した。ノルウェーのレーベンスボルンもその記録の多くが廃棄されたが、レーベンスボルンのリーダーの判断により、ケースファイル（個々の子どもの情報を含むファイルやプロトコル）は、子どもたちにとって価値あるものだという判断が下され、廃棄を逃れ、ノルウェーの国立公文書館に保存された[35]。

　ノルウェーの国立公文書館のアーキビスト、コーレ・オルセン K. Olsen は、このレーベンスボルンの記録の中で廃棄されずに残されたケースファイルは、戦争中はドイツの人種人口政策で利用するという主要なファンクションがあったが、ドイツの降伏によりそのファンクションは失われ、新

30　Olsen, K. (2004). Women and children in the front line: The 'Jerry Girls' of Norway and their children: 95.　レーベンスボルンは、ノルウェーの他にもベルギー、フランス、デンマーク、オランダに設立された。

31　同前：96.　第二次世界大戦中には、レーベンスボルンからドイツへ 200 ないし 300 人の子どもが養子として送られた。

32　同前。

33　Olsen, K. (2013). Norwegian war children's work for justice: The role of the archives: 47.　ノルウェーは戦後の国家再建のために、移民させる労働力はないとし、実行されることはなかった。

34　同前：48.　約 8,000 件とされる数字がノルウェー国内のレーベンスボルンの全てのケースファイルかどうかは、この論文からは確認できなかった。

35　同前。これが要因となり、他の国のレーベンスボルンよりもノルウェーには記録が多く残った。

たなファンクションを獲得したと指摘する[36]。その新たなファンクションとは、①ドイツの父親からの子どもの養育費の集金、②生物学的起源の情報、③国家に対する訴訟、④補償申請に関する文書、⑤研究利用[37]の5つである。

　特に、④の補償申請に関わる文書は、2004年に公表されたノルウェー政府白書によってアーカイブズ施設に大きな変化をもたらした。ドイツ兵とノルウェー人女性との間に生まれた戦争孤児に関する補償に言及したこの白書では、侵害や迫害を受けたことで、苦しみや損失を経験した人々へ個人的な補償システムを提案し、その補償の規模は個人が持ってくる文書（documentation）によって決定するとしたが、その文書については具体的に定義することをしなかった[38]。しかし、2005年4月に個人が持参した文書を基準に補償金を決定するとした白書が提案した補償システムをノルウェーの議会が承認すると、数千の人がアーカイブズ施設に証拠となる文書を探しにくる事態へと発展した[39]。

　こうした戦争孤児からの問い合わせに対して、ノルウェー国内の法律は何も明記していなかったが、戦争孤児は、生物学的な両親について情報を受け取れる権利を持っていた[40]ため、ノルウェーの国立公文書館では、非公式な話し合いで、戦争孤児からのアクセス対応について3つの原則を定めた。原則1は、一般的に多くの人が知りたい生物学上の親の名前、誕生日、出生地に加え、彼らに関するできるだけ多くの情報を提供することである[41]。これらの情報には、祖父母や両親の兄弟、他の家族についての子ども時代や教育、仕事や他の活動に関する情報も含まれることもあった[42]。また、ファイルに、写真や両親からの手紙、他にも興味を抱きそうなものが含まれていた場合には、それらも複写して、子どもたちに送付していたが、多くの人が知りたくないと思う情報については、子どもたちに公開しなかった[43]。

　原則2は、資料の調査を通じて、情報を見つけることを自分たちの義務とした[44]。資料には、戦争孤児が閲覧する権利を持たない情報も含まれていたが、戦争孤児の場合は、アーカイブズから情報を得る権利も有してい

たので、問題にはならなかったとオルセンは明言する[45]。それゆえに、国立公文書館のアーキビストは、戦争孤児が生物学上の親に関する重要な情報を受け取れるよう、効果的に、綿密な仕事の遂行を求められた[46]。

　さらに原則 3 では、オルセンは、戦争孤児の特定の質問にだけ、答えるべきではないという非公式なルールを設けていた[47]ことに言及している。国立公文書館に来て、初めてこの出来事を人に話したりする場合もあり、感情的損失が大きいため、「自分の父親は誰か」という特定の質問にだけ答えるのではなく、利用者への対応を通じて、関連する背景の情報も与えることが重要である[48]としている。

　ICA の倫理綱領の原則 6 は、アーキビストが広範囲なアクセスを促進し、

36　同前。

37　同前：49–51.

38　Valderhaug, G. (2005). Memory, archives and justice; A Norwegian perspective: 1–2. COMMA 2005.3

39　前掲注 16、International Council on Archives. (2012). Principles of Access to Archives: 2. オルセンによれば、2002 年にノルウェー議会で提案があってから、議会の承認を受けて補償制度が確立すると、2008 年までに約 2,000 人が補償金を受け取ったという。そして補償金の申請のために国立公文書館を訪れた人は、数百人いたとしている――前掲注 33、Olsen, K. (2013): 50.

40　同前、Olsen, K. (2013)：52.　オルセンは、戦争孤児は生物学上の親を知る権利を持つと述べているが、その法的根拠については本論では示されていない。ただし、戦争孤児に限らず、1986 年に制定された養子法 The Adoption Act の第 12 条には、18 歳以上になれば、生物学上の親を知る権利が明記されている――Government of Norway. (2018). The Adoption Act.

41　前掲、Olsen, K. (2013): 52.

42　同前。

43　同前。

44　同前。

45　同前。

46　同前。

47　同前：52–53.

48　同前。例えば、国立公文書館では、戦争孤児がレーベンスボルンの神話（政治的な人種繁殖プロジェクトで、普通の人間的な関係の結果ではない）に苦しんでい

全てのユーザーに公平なサービスを提供しなければならないとしているが、記録を扱うことに慣れていない人や公的な管理がどのように働いているのか、意識していない人よりもアーキビストの援助を得た方がより大きな利益を得られるため、「こうしたポリシーこそが不平等を促進させている[49]」とオルセンは指摘する。そのため、アーキビストの利用者へのサービスは、利用者に対して平等のサービスを提供するというよりも、アーキビストの支援により同等の結果になるように努力するべきだとしている[50]。

　また、レーベンスボルンに関する記録へのアクセスを支援していたノルウェーのベルゲン市アーカイブズ Bergen City Archives のアーキビスト、ガッドマン・バルダーハ Gudmund Valderhaug も同様に ICA の「アクセスの原則」への疑問を投げ掛ける。バルダーハは、倫理綱領の原則1と原則6に対して、全ての利用者に平等なアクセスというが、それについて明確な解説はなく、客観性や不偏性の概念に焦点を置いており、倫理綱領の改訂を提案している[51]。さらに、ホームレスの人とアカデミックな研究者が資料を探す事例[52]をあげて、倫理綱領はアーキビストの不偏性を提唱しているが、実際は支援を多く必要とする方には手厚くする配慮が必要だとしている。

　オルセンとバルダーハの論考は、ICA が公開した「アクセスの原則」よりも刊行時期が早いためか、「アクセスの原則」に触れていない。しかし、オルセンは、社会的に弱いグループにプライオリティを置くことを提案し、その中で、社会において重要視されなかったグループ、または弱いグループに所属するのが誰なのか、定義しなければならないとしている。オルセンのこうしたアクセス支援の観点は、「アクセスの原則」に繋がる見方である。レーベンスボルンで生活した母親や子どもたちの様に、第二次世界大戦の前後で、大きく彼らの立場が逆転したことを考慮すると、政治や経済状況など様々な要因により、社会において軽んじられたり、差別されるグループは時代により移り変わる可能性がある。そのため、アクセス支援の原則をベースにしながらも、アーキビストはその時勢の中で状況を判断し、アーカイブズへのアクセス方針の中で、「社会的に弱いグ

ループ」を定義し、それを定期的に見直し、柔軟に対応していく必要が
ある。

3　オーストラリアにおける専門調査報告書への提言から見えてきたアクセスの課題
専門家、当事者、施設の様々な観点から見たアクセス

　次に 2013 年からオーストラリア全土で展開されている性的虐待調査に
関する専門調査報告書からケアリーヴァーのアクセスの課題を検証した
い。この調査では、当初からアーキビストや専門職団体が積極的に関与
しており[53]、この調査報告書への提言を通じて、性的虐待調査におけるアー
キビストの専門性について考察していく。「子どもの性的虐待への組織対
応に関する王立委員会 Royal Commission into Institutional response to Child Sexual
Abuse」が、2016 年 9 月に公表した「Consultation Paper: Records and
recordkeeping practices[54]」（以下、専門調査報告書）は、子どもの性的虐待に焦

　　たため、ノルウェーにおける、戦争中のレーベンスボルン組織の機能について説
　　明した。さらに、かなりの頻度で、ドキュメントに書かれていることも説明した
　　としている。これらは、なぜ母親が子どもを孤児院で養育したり、養子に出すこ
　　とが必要だったのかを戦争孤児が理解することにも有効であった。
49　同前：51.
50　同前。
51　同前：6.
52　同前。
53　オーストラリアの王立委員会の調査に関するオーストラリアのアーキビスト協会
　　による記録管理に関する提言は、2013 年の設立から現在までに 4 回行われている。
　　こうした提言は、これまでのオーストラリアにおける虐待調査では、見られなかっ
　　たことである——拙稿（2017）「オーストラリア王立委員会の性的虐待調査の展開
　　と守られるべき子どもの権利：レコードキーピングが児童虐待の抑止力になるの
　　はなぜなのか」。
54　Royal Commission into Institutional Responses to Child Sexual Abuse. (Sept. 2016).
　　Consultation Paper: Records and Recordkeeping Practice.

表 6.1　王立委員会の専門調査報告書への提言団体・提言者一覧

提言主体	名 称
アーカイブズまたは記録関連の専門職団体	ACT Territory Records Office Australian Society of Archivists Council of Australasian Archives and Records Authorities Find and Connect web resource National Archives of Australia Records Continuum Research Group Setting the Record Straight For the Rights of the Child (2つの提言を提出) State Records Office of Western Australia Queensland Department of Communities, Child Safety and Disability Services (Quennsland state arhives)
州政府	New South Wales Government Nothern Territory Government Office of Commissioner for Privacy and Data Protection State of Victoria Tasmanian Government
当事者団体	Alliance for Forgotten Australians CLAN CREATE Open Place People with Disability Australia Victorian Aboriginal Child Care Agency: VACCA
個人 (研究者、専門職など)	Associate Professor Suellen Murray, RMIT University Dr. Karen George (児童福祉史の研究者) Dr. Margaret Kertesz and Professor Cathy Humphreys (Department of Social Work School of Health Sciences, University of Melbourn) Kevin Lindeberg (ハイナー事件を調査、前組合職員で事件で解雇) Sandra Papshalis (Principle advisor at Department of Human Services, Victoria Australia) Trixie Kemp (Manager Medial Records - North West Facilities、タス・ニア ヘルスサービス)
個人 (ケアリーヴァー)	Teresa Frank Golding (CLAN のメンバー)
施設運営団体	Anglican Church of Australia Anglicare Victoria Anglicare Western Australia Barnados Barnados attachment - Heads in the Cloud Truth Justice and Healing Council Wesley Mission Victoria

その他 (行政からの資金援助 を受ける団体を含む)	Centre for Excellence in Child and Family Welfare Association of Heads of Independent Schools of Australia Children's Healthcare Australasia Gatehouse Centre-The Royal Children's Hospital, Melbourne Knowmore MICAH Projects by Commonwealth Department of Social Services: DSS Northcott PeakCare Queensland Relationships Australia, New South Wales Whistleblowers Action Group (Queensland)

Royal Commission into Institutional Responses to Child Sexual Abuse. *Consultation Paper.*
から筆者作成。

　点を絞り、過去と現代の施設のレコードやレコードキーピングの実践を
調査したものである。王立委員会の活動と専門調査報告書の内容につい
ては、第4章で述べた通りだが、2017年2月に王立委員会はウェブサイ
ト上で、この専門調査報告書に対しての45の行政機関や団体、個人から
提出された提言を公開した[55]。

　本項では、全ての提言の詳細を示すことは不可能なので、王立委員会
に提出された提言を7つのグループに分類し[表6.1]、その中でも特にアー
カイブズ施設を含めた専門職団体、当事者団体、施設を運営していた教
会や慈善団体などの提言に着目し、当事者が記録へアクセスを行う上で
の障害となる課題について分析していく。

　まず、提言の内容に踏み込む前に、専門調査報告書が、記録へのアク
セスをどう捉えているのかについて確認しておきたい。専門調査報告書
の第5章は記録へのアクセス[56]について扱っている。そこでは年齢を問
わず、どのような施設出身の被害者やサバイバーでも、性的虐待を含む
子ども時代や関係する組織の虐待対応が記載された組織記録にアクセス

55　提出された提言の数は46だが、2つに分けて提言を出した団体 (Setting the
　　Record Straight For the Rights of the Child) が1つ含まれる。
56　前掲注54、Royal Commission into Institutional Responses to Child Sexual Abuse. (Sept.
　　2016): 35–45.

できることが重要だと言及している。ケアリーヴァーの場合、チルドレンズホームなどの社会的養護の施設によって作成された記録にアクセスすることは、家族や個人の歴史、または子ども時代の記憶するに値する事柄に繋がる情報[57]を得られる。さらに、専門調査報告書では、アクセスの障害についても示された。それは、記録の紛失、散逸、不完全、廃棄に加えて、被害者やサバイバーは虐待を受けた施設に再び関与することに気が進まないこと、記録へのアクセス請求や一度受け取った記録を解釈するための支援の欠如、適用する法律やポリシーの複雑さ、開示請求を拒否し、不完全な記録の提供を行う施設[58]などである。

　そこで専門調査報告書では、施設の実践や被害者、サバイバーの経験を改善していく一助となる5原則を提案している。

　　　原則1　正確な記録の作成や保管は、子どもの最善の利益となる[59]。
　　　原則2　子どもの保護に影響するすべての決定や事件について、正確な記録が作成されなければならない[60]。
　　　原則3　子どもの性的虐待に関係する記録は、適切に維持されなければならない[61]。
　　　原則4　子どもの性的虐待に関係する記録は、法律、またはポリシーの下でのみ廃棄されなければならない[62]。
　　　原則5　彼ら（被害者やサバイバー）に関する記録にアクセスし、修正することについての個人の権利は、法律によってのみ制限される[63]。

　とりわけ原則5は、記録へのアクセスに関連しており、法に反しない限り、十分なアクセスを与えるべきだということが明示されている。記録開示の保留や編集された箇所についての明確な説明が提供されるべき[64]だとしている。

3.1　専門職団体の立場から

　専門調査報告書に対するアーカイブズ施設と専門職団体からの 10 の提言の内、ファインドアンドコネクトウェブリソース Find & Connect web resource（以下、ファインドアンドコネクト）[65] とレコードコンティニュアムリサーチグループ Records Continuum Research Group（以下、RCRG）[66] の 2 つの団体からの提言は、専門調査報告書において記録のライフサイクルのフレームワークを使用していることへの批判という点で類似する。RCRG は、レコード

57　同前：35.

58　同前。

59　同前：23.

60　同前：29.

61　同前：31.

62　同前：33.

63　同前：44.

64　同前。

65　Find & Connect web resource は、連邦政府の資金で 2011 年 11 月に活動を開始した。その前身は、2009 年から 2011 年まで続いたヴィクトリア州におけるフー・アム・アイ？（Who Am I?）プロジェクトである。両方のプロジェクトとも 2004 年の「忘れられたオーストラリア人」に関する報告書におけるレコードキーピングの提言に影響を受けている。現在は、そのウェブサイト上で、子どもの施設の歴史や施設ケアについての法律や情報を提供している――Find & Connect web resource. (Oct. 2016). *Consultation Paper on Records and Recordkeeping Practices: Submission from the Find & Connect Web Resource*;　Senate Community Affairs References Committee Secretariat. Parliament of Australia. (Aug. 2004). *Forgotten Australians: A Report on Australians who Experienced Institution or Out-of-Home Care as Children*: 1.

66　レコードコンティニュアムリサーチグループは、理論家、実践者、研究者、教育者の連合で、モナッシュ大学の組織と社会情報学センター Centre for Organisational and Social Informatics の一部である。それらは、レコードコンティニュアム理論の発展と適用を通じて、人々、家族、組織、コミュニティ、社会の生活の上で、記録が果たす役割を理解することに関心をおいている—Records Continuum Research Group. (Oct. 2016). Records Continuum Research Group Responseto the RCIRCSA Consultation Paper: Records and Recordkeeping Practices: 1.

コンティニュアムの考え方は、レコードマネジメントに対するライフサイクルのアプローチを超えるものだと明言している[67]。さらにファインドアンドコネクトの提言では、専門調査報告書が採用した記録のライフサイクルモデルは、そのモデル自体が問題で、システマティックで永続的な課題への解決策を提示できないと指摘した[68]。

　専門調査報告書では、記録のライフサイクルモデルが、「現在」と「歴史的な記録」の間を人工的に区分し、記録の作成者と保管者に特権を持たせ、そのほかの関係者を外に追いやっている概念だとファインドアンドコネクトは指摘する[69]。彼らは、専門調査報告書で示した王立委員会の記録へのアクセスの原則（原則 5）が、ケアリーヴァーや虐待からのサバイバーに対して大きな状況の改善にはならないと批判する[70]。そのため、ファインドアンドコネクトは政府・非政府組織に関わらず、記録を保管する組織は関連する規則に則って記録へのアクセスを提供するため、法律の柔軟な解釈を推奨している[71]。また、そうした状況改善のためには、アクセスの原則において「第三者のプライバシー」の文書の「第三者とみなされるものの異なる見方」について議論を深めること、そして原則では、身近な家族を含むように、「個人情報」を広く定義する[72]ことを提言している。その具体的な例は、次のように示すことができる[73]。

　　なぜ私たちは、両親が 1927 年と 1964 年に住んでいた場所を知ることができないのか。周知のように、国は、国連の子どもの権利条約を批准している。そして、政府は、身元（identity）を提供する義務がある。しかし、政府は毎日毎日この編集の問題から逃げている[74]。

　オーストラリアの社会サービス部門が公表したアクセスの原則では、両親の住所をケアリーヴァーの出自に関わる情報と柔軟に捉えることで、個人情報の黒塗りなどの編集を取り除くことを推奨する姿勢を示している。ファインドアンドコネクトは、このような提案が、オーストラリアの先住民や児童移民などのケアリーヴァーに関する過去の報告書でも要請

されてきたことにも言及している[75]。

　RCRG も同様に、王立委員会が専門調査報告書で提示した原則に異を唱える。原則 5 については、積極的に個人記録の開示、発見の可能性、アクセスの請求を強化させる法律を命じるべきなのではないか[76]、と疑問を呈する。専門調査報告書の原則 5 への疑問は、一見するとアクセスを促進するための強硬論に聞こえがちだが、RCRG は参加型のレコードキーピングを提唱し、アクセスについては様々な参加者で議論し交渉する場が必要である[77] としている。専門職団体の中では、他にも RCRG が提案するような参加型アプローチを推奨する声がある。Setting the Record Straight: For the Rights of the Child Initiative[78] は、専門調査報告書で提案された原則は、子どもの最善の利益のためにレコードキーピングの必要性

67　同前。

68　前掲注 65、Find & Connect web resource. (Oct. 2016): 5.

69　同前：5–6.

70　同前：11.

71　同前。

72　同前。

73　同前。

74　同前。

75　同前。

76　前掲注 66、Records Continuum Research Group. (Oct. 2016): 3.

77　同前：5.

78　Setting the Record Straight: For the Rights of the Child Initiative は、当事者団体のケアリーヴァーオーストラリアネットワーク Care Leavers Australasia Network：CLAN や児童移民トラスト the Child Migrants Trust などやモナッシュ大学やメルボルン大学の研究機関が共同で立ち上げた組織で子ども時代の社会的養護の記録を作成、捕捉、管理し、アクセスさせる方法を現状の課題があるシステムから変換させていくことをゴールとしている。そのための原則として、① Child/person centred、② Participatory、③ Accountable and transparent、④ Evidence based、⑤ Integrated、⑥ Connected and co-ordinated、⑦ Clever use of information technology をあげている――Setting the Record Straight: For the Rights of the Child Initiative. (2017). Our Principles.

を強調する一方で、子どもやケアリーヴァーは記録の共同作成者（co-creators）というよりもむしろ、記録の「対象」にとどまっている[79]ことを指摘し、レコードキーピングやアーカイビングの実践、システムを発展させるために、記録の作成段階から、誰が記録にアクセスできるのかという意思決定まで、記録の共同作成者として関与させるべきであるとしている[80]。

3.2　当事者団体の立場から

　虐待の被害者となった人を含む当事者団体の立場からの提言は、先住民や忘れられたオーストラリア人を含むケアリーヴァー団体、障がい者団体など、全部で6つの団体から意見が寄せられた。その一つであるケアリーヴァーオーストラリアネットワーク Care Leavers Australia Network（以下、CLAN）は、いわゆる孤児院やチルドレンズホーム、里親など、社会的養護で養育された子どものための支援やアドボカシー活動を行う団体で、「子ども時代のレコードに関する権利憲章 A Charter of Rights to Childhood Records[81]」を作成していることからも、記録へのアクセスに対する関心の高さが窺える。彼らは、自らをオーストラリア社会の中で、唯一個人や家族の歴史を手に入れるために政府機関に行かなければならない人々であるとし、それが自らの歴史であり、自分たちの歴史の全てを手に入れることが、自らの権利であるとしている[82]。CLAN が専門調査報告書に対して提出した提言には、多くのケアリーヴァーの記録へのアクセスを支援してきた経験の蓄積から、CLAN の多くのメンバーが彼らの情報にアクセスできなかった[83]状況が訴えられている。

　特に近年では、記録を保管する組織が、情報を開示する上での法律やガイドラインとなっている原則を適切に理解していない[84]という実情があるという。こうした状況を打開するためにも、レコードキーピングを行う全ての組織の全てのスタッフにトレーニングが提供されるべき[85]だとしている。CLAN は、王立委員会が専門調査報告書で提示した5つの原

則について賛同する一方で、それらの内容について心から同意するものではないとし、ケアリーヴァーが彼ら自身の情報にアクセスすることや編集することを制限されるべきではない[86]と述べている。こうした彼らのアクセス推進への動きは、ケアリーヴァーの親の兵役に関する記録へのアクセスを国防省に陳情する[87]動きと繋がっている。

　また、当事者団体のCREATE Foundation[88]（CREATE：以下、クリエイト）も、王立委員会が掲げる原則5に言及する。クリエイトは費用について着目し、記録へのアクセス拡大のために手数料をとらないことや記録作成を行うワーカーは、その記録やメモが読まれることに留意し、記録を作成することを勧めている[89]。

79　Setting the Record Straight: For the Rights of the Child Initiative. (2017). Setting the Record Straight: For the Rights of the Child: 1.

80　同前：2.

81　Care Leavers Australasia Network. (Revised 19 Oct, 2020). A Charter of Rights to Childhood Records.

82　Care Leavers Australasia Network. *Clans Submission to the Royal Commission on Records and Recordkeeping Consultation Paper.*: 17.

83　前掲注81、Care Leavers Australasia Network. (Revised 19 Oct, 2020): 2.

84　同前：6.

85　同前。

86　同前：16.

87　同前：17.

88　CREATE Foundation は、社会的養護の経験をした子どもや若い人々のための当事者団体で、そのミッションは、ケア施設にいた子どもたちや若い人々のためにより良い生活をつくることである――CREATE Foundation. (Oct. 2016). *CREATE Foundation Submission to the Royal Commission into Institutional Responses to Child Sexual Abuse Response to Consultation Paper: Records and Recordkeeping Practices*: 1.

89　同前：9.

3.3　施設を運営している（いた）立場から

　過去に施設を運営していた、または現在も子どもの支援を行っている7
つの団体は、記録の作成者であり、記録の保管者という側面もある。記
録へのアクセスに重点を置いて見ていくと、オーストラリアアングリカン
教会 Anglican Church of Australia の王立委員会ワーキンググループ[90] やアング
リケア西オーストラリア Anglicare Western Australia[91] のアクセスへの原則につ
いての考え方は、これまで他の専門職や当事者団体に分類されたグルー
プよりも些か消極的とも見てとれる。例えば、専門調査報告書で王立委
員会が推奨する点の 19 番目[92] として、オーストラリアの社会福祉省
Department of Social Services が 2015 年に公開した「忘れられたオーストラリア
人と児童移民のための記録へのアクセス：記録へのアクセスを提供する
上での記録の保管者のためのアクセスの原則とベストプラクティスガイ
ドライン[93]」をあげている。このガイドラインは、王立委員会が公開した
専門調査報告書の中でも言及され、その後、各団体の提言の中でも多く
のグループがこのガイドラインについて触れている。このガイドラインを
どのように実践に適用するかという王立委員会からの疑問[94] に対する答
えとして、オーストラリアアングリカン教会の王立委員会ワーキンググ
ループは、原則の適用について教会管区や機関からのフィードバックが
得られていない[95] と答えるにとどまり、アングリケア西オーストラリア
もこうした原則については、非営利団体である自らの範囲を超えていて
複雑であり、専門家のエリアである[96] と述べている。さらに、第三者の
プライバシーについては、特に虐待の他の被害者が個人と認識されない
ように配慮されるべきだとしている[97]。

　しかしながら、1890 年代からヴィクトリア州で社会的養護のケア施設
などのサービスを提供してきたアングリケアビクトリア Anglicare Victoria[98]
は、記録へのアクセスの課題に対して積極的に取り組み、前述した 2 つ
の団体とは異なる姿勢をみせている。例えば、アングリケアビクトリアは、
忘れられたオーストラリア人のためのサポートサービスを行っている団

体、オープンプレイス Open Place[99] が年 4 回開催する、政府や非政府組織
のための記録保管者ミーティングに参加している[100]。そして、この専門
的な実践フォーラムは、自らの組織の実践を見直し、修正するための非
常に貴重な機会だと位置づけている[101]。会議では、もし実践に問題があ
れば、組織のガイドラインの変更を要求することも行っている[102]。

　これまで、アーキビストを含む専門職団体の立場、虐待の被害者であ
る当事者の立場、児童福祉施設等を運営している（いた）立場の三者の

90　Anglican Church of Australia Royal Commission Working Group. (2016). *Consultation Paper: Records and Record Keeping Submission*.

91　Anglicare Western Australia.

92　同前：43.

93　社会福祉省が公開したこの原則とガイドラインの作成には、レコードアクセス
　　ワーキンググループとファインドアンドコネクト（Find and Connect Advisory
　　Group）が相談役となり、その開発には、Recordkeeping Innovation Pty Ltd という
　　会社が関わっている。 その目的は、ケアリーヴァーや児童移民の人たちに情報
　　を最大限に利用してもらうことと、アクセスの要請に答えるケアリーヴァーと児
　　童移民についての記録を保管する公的、民間施設の方法に一貫性を持たせ、より
　　広く促進していくことにある——Department of Social Services. (June 2015). Access to
　　Records by Forgotten Australians and Former Child Migrants: Access Principles for Records
　　Holders and Best Practice Guidelines in providing access to records (Principles and
　　Guidelines).

94　前掲注 91、Anglicare Western Australia: 43.　アクセスに関するいくつかの問にまと
　　めて答えている。

95　前掲注 90、Anglican Church of Australia Royal Commission Working Group. (2016): 6.

96　同前：12.

97　同前：7.

98　Anglicare Victoria. (Oct. 2016). *Anglicare Victoria's Submission to the Royal Commission into Institutional Responses to Child Sexual Abuse: Records and Recordkeeping Practice*.

99　Open Place も専門調査報告書に対する提言を出している——Open Place. (Oct. 2016). *Response to Royal Commission into Institutional Responses to Child Sexual Abuse's Consultation Paper on Records and Recordkeeping Practice*.

100　前掲注 98、Anglicare Victoria. (Oct. 2016): 13.

101　同前。

102　同前。

立場から、専門調査報告書に対するケアリーヴァーにとっての記録への
アクセスの課題を分析してきた。当事者団体や施設の運営団体のいずれ
も記録とレコードキーピングに関心を持ったからこそ、王立委員会が公
開した専門調査報告書へ提言しているのだが、その関心の高さと認識に
ついては各団体間で大きな差異があるといえよう。このような状況を打
開し、より記録へのアクセスを促進していくためには、団体間の垣根を
超えた連携が必要だと考えられる。例えば、当事者支援団体の CLAN は、
記録の専門職団体の支援をうけ「子ども時代のレコードに関する権利憲
章」を作成し、専門職の力を借りてアーキビストや記録の管理者に対し
てケアリーヴァーの置かれた状況への理解や支援を要請する内容を盛り
込んでいる。また、施設の運営団体においてもアングリケアビクトリアは、
当事者団体オープンプレイスの支援で記録に関するミーティングに参加
していることで、自らの組織の実践を客観的に見直す機会を得たのでは
ないだろうか。

　また、第三者のプライバシーについて提言では、当事者団体は、第三
者情報として家族（特に親、きょうだい）の情報を当事者に開示して欲しい
と強く望み、一方で施設運営側は、連邦政府や各州の法律に則って [103] 対
応しているために、家族も第三者情報になるとの見方をしている。第三
者とは、「当事者以外の者。その事柄に直接関係していない人」を意味す
る [104]。ケアリーヴァーなどの当事者としては、たとえ会った記憶がなく
とも、親や兄弟の情報を自らに関係のない者の情報とは考えていないと
いうことは、ごく自然のことである。それゆえ、こうした当事者の考えを
加味せずに法律に則り、直ちに判断を下してしまうことは、本論で提示
した養子やケアリーヴァーが、多くの人が当たり前に知る情報を持たず、
そうした情報にアクセスできない状況を生み出してしまう。こうした状況
を解消するためには、法律とケアリーヴァーの間のギャップを当事者・支
援者・記録の保管者等の中で調整していくことが求められる。

　オーストラリアでは、アーキビストなどの専門職団体が当事者や施設
などと連携し、社会的な課題に取り組むことで、記録へのアクセスに関

する調整機能を果たしている。アーキビストは、記録へのアクセスの弱者に配慮するだけでなく、「組織体と利用者に対する中立公平な立場[105]」を保ち、当事者側、施設側との関係性を構築していると言える。次節では、さらに専門職としてのアーキビストの役割について考えていく。

4　アーキビストの専門職としての役割

　2010年9月にオスロのICAの年次大会で採択された世界アーカイブズ宣言は、アーカイブズの役割について、次のように明記している。

　　アーカイブズは説明責任の義務及び透明性ある行政の運営活動の支
　　えとなる、権威ある情報源である。アーカイブズは個々人及び共同
　　体の記憶を保護し、それに寄与することによって、社会の発展に重
　　要な役割を担う。アーカイブズへの自由なアクセスは、人間社会の
　　知識を豊かにし、民主主義を促進し、市民の権利を守り、生活の質
　　を向上させる[106]。

　では、アーカイブズを扱うアーキビストとはどのように定義されるのか。アーカイブズ宣言の中では、社会で果たすべきアーキビストの役割は、「記

103　同前。例えば、ヴィクトリア州の施設では、2014年 Privacy and Data Protection Act
　　　(Victoria) や 2001年 Health Records Act (Victoria) が適用される。

104　「第三者」新村出編（2008）『広辞苑（第六版）』。

105　全国歴史資料保存利用機関連絡協議会広報・広聴委員会（1993）「アーキビス
　　　ト養成制度の実現に向けて：全史料協専門職問題特別委員会報告書」：113。

106　日本語版で使用されているアーカイブという用語は、筆者によってアーカイブズ
　　　へと変更している——International Council on Archives. (2010). Universal Declaration
　　　on Archives: 1.

録の作成の支援、選別、維持管理、利用に供するようにする[107]」ことと
あり、ICA の用語集の中では、「アーカイブズ資料の運用管理、及び / 又
はアーカイブズ機関の管理に専門的に従事する人。アメリカ合衆国にお
いては、この用語は、しばしば手稿管理者[108]」と定義されている。

　全国歴史資料保存利用機関連絡協議会（以下、全史料協）は、1989・昭和
64 年 1 月に「文書館専門職（アーキビスト）の養成についての提言」を
公表し、同年 10 月に内閣総理大臣に対して「公文書館専門職員養成制度
の確立に関する要望書を提出するなど、関係各方面に文書館等専門職
（アーキビスト）の養成制度の確立を要請してきた[109]。そして、1993・平
成 5 年には、「アーキビスト養成制度の実現に向けて－全史料協専門職問
題特別委員会報告書」の中で、アーキビストの役割について次のように
記している。

　　　　アーキビストとは、文書館等において、記録史料の移管収集、整理、
　　　　保存、提供、調査研究などの専門的な仕事に携わる専門職をいう。アー
　　　　キビストは、人類共有の歴史的文化遺産である記録史料を、現在に
　　　　役立て、また未来に伝えるという大きな社会的使命を持っている。
　　　　したがってアーキビストには、高度な専門的知識・技能・研究能力
　　　　に加え、組織体と利用者に対する中立公平な立場、職務に対する高
　　　　い倫理性、絶えざる自己研鑽などが厳しく要求される。このような
　　　　役割を果たすアーキビストを文書館に配置することは、文書館がそ
　　　　の責務を果たす上で不可欠な要件である[110]。

　上記の全史料協の報告書では、アーキビストに要求されるものとして、
「高度な専門的知識・技能・研究能力に加え、組織体と利用者に対する中
立公平な立場、職務に対する高い倫理性、絶えざる自己研鑽」を挙げて
いる。これらは、文書館等における「記録史料の移管収集、整理、保存、
提供、調査研究などの専門的な仕事」を遂行するために不可欠であり、
そのために、全史料協はこうした役割を果たすアーキビストの文書館へ

の配置の必要性を訴えている。

　では、現場で働く職員はアーキビストの専門性についてどのように見ているのだろうか。沖縄県公文書館の豊見山和美は、アーキビストの専門性について次のように言及している。

　　アーカイブズがいわゆる御用アーカイブズになってしまうのは、そんなに難しいことではありません。特に、それに抵抗するアーキビストの倫理や身分の保障がない場合、たいへんたやすいことと言ってもいいでしょう。旧社会主義国のアーカイブズは、特定の体制下で多くがそのような状態にあっただろうし、先にあげた沖縄の評定所文書にしても、それが公開されなかったのは、帝国議会での発言を信じれば「中国との関係でのさしさわり」だとされています。当時、琉球が日本と中国のどちらに帰属するかということは外交上の大問題でしたし、どうしても琉球を版図に組み入れたい明治政府としては公にすることのできない内容が含まれていたのではないかと推測します。こうして文書という意味でのアーカイブズに記録された「記憶」は、隠されてしまいました。このような操作によって、記録はひとつの事実として顕在化することができなくなる、かくてわれわれは記憶喪失あるいは健忘症に陥ってしまうのです。

　　このような記憶の操作という危険から記憶自体を守るには、監視機関が必要でありましょう。そこにアーキビストの存在意義があるは

---

107 同前。
108 ICA の日本語版用語集の「アーキビスト」の意味に書かれている「アーカイブズ（1）」と「アーカイブズ（3）」は、ICA の同版の用語集の「アーカイブズ」の意味を参照し、それぞれ、「資料」と「機関」に置き換えた——International Council on Archives. (2015). Archivist; Archives.
109 前掲注 105、全国歴史資料保存利用機関連絡協議会広報・広聴委員会（1993）：112。
110 同前：113。

ずだと私は思います。このような監視機能を、当の集団の論理ある
いはエゴで動く内部の者が十全に果たすのは、不可能なときがある
からです。アーキビストは、文書が発生する現場と連携して動くこ
とが必要ですが、同時に一線を画すことができなければならない。
行政という権力、官という権力の記憶を司るアーカイブズ、そこで
活動するアーキビストは特に、官の論理だけで動いてはいけないと
きがある。この譲れぬ一線というのが、アーキビストというプロ
フェッションの倫理であり、その職責を特徴づけるところなのだと
考えます [111]。

　以上から、豊見山は「記憶の操作という危険から記憶自体を守る」と
いう監視のためにアーキビストの存在意義があると断言する。そのために
は、文書発生の現場との連携の必要性を認知しつつも、現場とは明確な
境界線が必要であり、それこそが、アーキビストとしての職務を特徴づ
けるものだとしている。こうした考えは、前掲の全史料協の報告書の中
でも示された「組織体と利用者に対する中立公平な立場」に通ずるもの
と言える。大木悠佑は、2013 年にテリー・クック T. Cook が発表したアー
カイブズ概念のパラダイムシフトの論考 [112] を手掛かりに、レコードコン
ティニュアム [113] を用いて、次のようにアーキビストの専門性について考
察している。アーキビストは、「共有される社会的な関心が、記録として
反映され、現在及び将来に渡って社会で共有されることを保証するシス
テムを構築し、その適切な稼働を監視する役割を担っている」[114] ことを
指摘している。これは、豊見山がアーキビストの存在意義が「記憶の操
作という危険から記憶自体を守る」ための監視機能にあると言及したこ
とと同様に、記録管理システムが、適切に運用されているか監視するこ
とをアーキビストの役割と捉えていると考えられる。
　専門職団体が、専門職としての社会的責任、職業倫理を行動規範とし
て成文化した [115] 倫理綱領 [116] は、アーキビストの場合、1996 年に ICA の
倫理綱領が採択されるより前の 1950 年代半ばにアメリカの国立公文書館

で作成された。これは、アーカイブズ施設の現職者のトレーニングプログラムの中で「アーキビストの規則 The Archivist's Code」として活用された[117]。その冒頭では、ヒラリー・ジェンキンソン Hilary Jenkinson の概念「アーカイブズのモラルディフェンス」とのつながりを明確に表している[118]。「アーキビストは、どのようなことが実際に起こったのかについて、証拠を保存するために、そして、価値ある記録の物理的な保存のための全ての対策に対して、社会への道徳的責任（moral obligation）を担っている[119]」としている。これは、アーキビストが実務の中で常に念頭に置かなくてはならないことである。

111　豊見山和美（2003）「専門職員論：公文書館専門職員の専門性とは何か」：11。

112　Cook, T. (2013). Evidence, memory, identity, and community: Four shifting archival paradigms.　クックは、論考の中でフランス革命後の150年を4つのパラダイムに分類した。パラダイムシフトの中で、アーキビストの役割は、受動的なキュレーター（〜1930年代）から積極的な評価選別者（1930年代〜1970年代）、社会の介在者（1970年代〜2000年代）、コミュニティのファシリテーター（現在）へと移り変わる。このようなパラダイムシフトは、アーキビストに時代に合わせて臨機応変に対応していくことを求めていると言える。

113　レコードコンティニュアムに関する各次元についての解説等は本書の第2章で取り上げているので、参照されたい。

114　大木悠佑（2016）「専門職としてのアーキビストの役割を考える：テリー・クックの論考をてがかりに」：278。

115　日本図書館情報学会用語辞典編集委員会編（2013）「倫理綱領」。

116　アメリカの図書館協会の倫理綱領の歴史的展開について研究する川崎良孝によれば、「アメリカでは、法律家協会が1908年に倫理綱領を採択し、その後アメリカ医学協会は、1912年、アメリカ・エンジニア協会が1914年、アメリカ会計士協会は1916年、ペンシルベニア州教育協会が1920年という具合に、多くの職業が専門職を目指し、そのための一つの要件として倫理綱領への関心が高まってきた」と指摘している——川崎良孝（2015）『アメリカ図書館協会「倫理綱領」の歴史的展開過程：無視、無関心、苦悩、妥協』：5。

117　The American Archivist. (1955). The Archivist's Code: 307.

118　Duranti, L., & Franks, P. (Eds). (2015). Code of Ethics.

119　前掲注117。

　ここで、前述した 1996 年の ICA 倫理綱領の原則 6 と原則 7 について再考したい。本論で取り上げたノルウェーのレーベンスボルンに関する記録へのアクセスの話の中では、既に ICA の倫理綱領そのものが不平等を促進しているとの指摘がなされていたが、オーストラリアの王立委員会の調査の場合はどうだろうか。王立委員会が公表したレコードとレコードキーピングに関する専門調査報告書に対して、提出された施設運営団体の提言を見ていると、記録へのアクセスに最大限に応えていきたいという姿勢が見える一方で、倫理綱領の原則 7 に関連する法律に則っての文言が目立つ。そのため、原則 7 のアクセスとプライバシーの両方を尊重し、なおかつ、関連の法律の中で、行動しなければならないということが可能なのかという疑問が浮上してくる。これは、置かれた立場や知りたい情報の範囲によって、可能だと答える人も、アクセスを促進させるために法律のより柔軟な解釈を求める人もいるだろう。いわば、こうしたアクセス、プライバシー、特別閲覧の 3 つを必要とする特定の社会的弱者のアクセスの調整をアーキビストが介在し、ケアリーヴァーの記録へのアクセスへと繋げていけるかどうか、それこそが乗り越えるべき課題といえる。

──社会的弱者に関する記録とそれに関わる専門職

　本章では、国際的な「アクセスの原則」とガイドラインから、記録へアクセスする上で弱者になってしまうケアリーヴァーの課題とそれを支援するアーキビストの専門性をとりあげた。アーキビストは、オーストラリアの調査のように、複数の立場や意見が異なる団体が記録に関する課題を論議する際に、それら各団体間を介在し、専門知識を提供する役割も担っていた。また、ノルウェーのレーベンスボルンの資料へのアクセスの場合、アーキビストは、状況の推移を観察し、資料請求を行うケアリーヴァーに対応していくことが求められていた。

　日本では、公文書館法が成立してから既に 30 年が経過し、2012・平成24 年には日本アーカイブズ学会による「日本アーカイブズ学会登録アー

キビストに関する規程（最終案）」が学会の総会で承認され、学会もアーキビストの存在を社会に示そうと努力を続けてきた[120]。

　そして、2021年1月には、独立行政法人国立公文書館による「認証アーキビスト」の制度も開始された。これは、国立公文書館館長がアーキビストの専門性を有する者を認証するという制度であり、国立の機関がこうした制度を設けたことは画期的なことである。

　しかしながら、日本におけるアーキビストの状況は、国際的に見れば、未だに認知度が低く、公文書館への配置は遅れている。公文書館法第4条第2項では「公文書館には、館長、歴史資料として重要な公文書等についての調査研究を行う専門職員その他必要な職員を置くものとする」という専門職員の配置が明記されていた。当分の間、専門職員を置かないことができるという特例規定は、「現在、専門職員を養成する体制が整備されていないことなどにより、その確保が容易でないために設けられた」[121]が、未だに公文書館法の特例規定の附則は残ったままである。このような状況を改善し、国際的な高いレベルの意識と議論に追いつくことが不可欠であり、専門職員の配置の増加も最優先に取り組む必要がある。そして、その中で、様々な社会的弱者のための記録へのアクセスを考慮する制度設計がなされることが、本章で取り上げたケアリーヴァーの記

120　日本アーカイブズ学会のアーキビスト資格制度は、アーキビスト養成などをめぐる諸課題に対して、一定の方向性を示し、その解決を促進するものでなければならないという立場から次の5項目の達成を目的として示している。①この分野を目指す若者や関連する現職者等にアーキビストの存在を示すこと。②世界の標準やアーキビスト倫理に通じるアーキビストの基本的な知識・技能を明示すること。③雇用機関・団体等に対して専門的な職務を果たすことができる人材を明示すること。④アーカイブズに関する研究活動をより一層促進すること。⑤専門機関・高等教育研究機関等が連携しながら教育・研修体制を整備していくために共通の知識基盤を提示すること——日本アーカイブズ学会（2012）「「日本アーカイブズ学会登録アーキビスト」資格認定制度創設の経緯について」：3。

121　衆議院内閣委員会における岩上二郎議員の提案理由説明——日本学術会議第5常置委員会（1988）「第5常置委員会報告：公文書館専門職員養成体制の整備について」：239。

録へのアクセスを推進していくことに繋がるであろう。

　勿論、自らに関する記録にアクセスする上で弱者になるのはケアリーヴァーだけではないが、こうしたグループを如何に敏感に察知し、支援できるのかは、記録の専門職の大きな課題であるように考えられる。記録への「アクセスの原則」やガイドライン、現在の記録へのアクセスの動向を知り、自らの組織の記録管理の実践を客観的に見直し、修正を行うことを組織の内部だけで実行に移すには限界がある。こうした団体に対して、アーキビストが如何にアドボカシー活動を行っていくかということが、当事者の理解と柔軟な対応へと向かう契機になっていくであろう。

終　章

課題と展望

　ここまで、社会的養護に関する記録や記録管理システムを日本におい
ていかに成り立たせ、ケアリーヴァーの記録へのアクセスを促進するかと
いう課題について、社会的養護における記録と記録管理システムの役割、
個人情報の開示と公開、アーキビストを含む専門職の役割という3つの
視座から検証してきた。序章で示したように、これまで日本の社会的養
護の記録に関する議論は、社会福祉史研究の中での副次的な資料保存の
議論に留まっており、本研究を通じて議論してきた現代を生きるケアリー
ヴァーの記録へのアクセスを取り上げた研究は、社会福祉学の分野のわ
ずかな研究者がその重要性について、言及するのみであった。そこで続
く章では、国内外における先行研究を集約、分析し、アーカイブズ学の
観点から社会的養護に関する記録や記録管理システムに焦点を当て、社
会的養護で養育された経験を持つケアリーヴァーの記録へのアクセスを
分析してきた。本章では、これまでの議論から、日本のケアリーヴァー
の記録へのアクセスを促進するために、どのような記録管理システムが
機能すればよいか、考察していきたい。

1　ケアリーヴァーのための記録への
　　安定したアクセスを目指して

1.1　社会的養護における記録と記録管理の役割

　本書を通じて論じてきた社会的養護に関する記録は、かつては社会的
養護の子どもの生活の管理を行うという業務の目的で記録されてきた。
現在も業務の目的で利用されることが多い社会的養護の記録であるが、

ライフストーリーワークを子どもに行うための基礎情報としての利用など、近年は日本でもこれまでとは異なる記録の利用のされ方にも目が向けられるようになっている。

　本書の第1章から第3章を通じて、日本やイギリス、オーストラリアの社会的養護に関する記録管理を分析してきた。第1章で言及してきた日本の社会的養護に関する記録管理システムは、業務以外での記録の組織外利用について想定されておらず、同じ自治体の中でも児童相談所ごとに異なる管理をしていることが明らかになった。しかしながら、第2章でイギリスのケアリーヴァーであるグラハム・ガスキンが語ったように、社会的養護に関する記録には、ケアリーヴァーのアイデンティティを確立させ、彼らが今後の人生を歩んでいくために欠かせない価値があった。このような記録の役割は、第3章で取り上げた虐待調査報告書のショーレポートの中でも、ケアリーヴァーにとって「なぜ記録が重要なのか」という視点で報告されている[1]。これは、海外の国だけではなく、日本の社会的養護でも同様であった。

　2008年に社会的養護の当事者参加推進団体「特定非営利活動法人日向ぼっこ」を立ち上げた渡井さゆりは、小学4年から施設で暮らしてきたが、誰からも施設で暮らす理由を説明してもらえず、「自分が悪いからだ」と思い、「周りのみんなとは違う」というしんどさを背負い続けてきたという[2]。また、生後から18歳まで、社会的養護の施設で養育されたケアリーヴァーの中村みどりは、後悔していることとして、25歳までに児童相談所の記録にアクセスしなかったことをあげている。

　　24歳の時に、児童相談所の記録が25歳には抹消されると知ったとき、随分悩み、知りたいという思いも強くあったが、知った情報を受け

1　The Scottish Government. (2007). *Historical Abuse Systemic Review: Residential Schools and Children's Homes in Scotland 1950 to 1995 (The Shaw Report)*: 117, para.7.
2　大久保真紀（2008）「国内動向　動き出した社会的養護の当事者たち」: 115。

止められるのかと不安になり、情報開示請求を行わなかった。しかし、
32 歳になった今の自分なら、迷わず情報開示請求を行えた[3]

と彼女は振り返っている。国は違えども、長期にわたり社会的養護で過
ごしてきた彼らの情報へのアクセスの結果を分けたのは一体何であった
のだろうか。この一つの要因として考えられるのは、日本の社会的養護
の記録の保存年限の短さである。

短い記録の保存年限

　本書で紹介したイギリス（イングランド）における社会的養護の記録
の保存年限は、社会的養護の施設などを退所してから 75 年間[4] である。
オーストラリアでは、北東部の州であるクィーンズランド州の州立公文書
館がリテンションスケジュールを公開しているが、ケースファイルの保存
期間は永年である[5]。そのため、ほぼ生涯を通じて記録へのアクセスが保
障されていると言っていい。一方で、日本では、養子縁組が成立した事
例は、永年で児童記録票を保存することになっているが、社会的養護の
施設などで生活した子どもに関する記録は、文書管理条例か、児童相談
所の運営指針を根拠にするかで保存年限は異なる。自治体の定める文書
管理条例だと、30 年保存とする自治体が多く、次いで永年保存を行って
いる自治体が多く、児童相談所の運営指針の場合、保存年限は入所した
子どもが 25 歳になるまでと定められている。日本では、自治体の定める
文書管理条例と児童相談所の運営指針のどちらを根拠とするかは、児童
相談所ごとに異なり、自治体の中でも不統一である。
　しかしながら、長期保存は多くの自治体では 30 年となっており、25 歳
とさほど遜色はないと言える。このような保存年限の短さが、日本のケア
リーヴァーに与える影響は大きい。徳永祥子は、

　　このような現状では、子どもがどこで社会的養護を受けるか、もし
　　くは受けたかによって生涯にわたってアクセスできる記録に差異が

　　生じてしまう。今こうしている間にも、多くの自治体で 25 歳になっ
　　た当事者の記録は保存年限が過ぎ廃棄されていく。一般的な家庭で
　　育った人にとっては家族や親せきに聞けばすぐに入手できる情報で
　　あっても、社会的養護の子どもや当事者は家族と全く連絡を取れな
　　い人もおり、いったん記録が破棄されてしまえば、自分や家族につ
　　いて知る機会が永遠に失われて行ってしまうといっても過言ではな
　　い [6]。

と、ケアリーヴァーが置かれている状況を説明する。そのため、中村のよ
うに 25 歳以前に記録が廃棄される状況を知り、決断したケースは稀なケー
スと言える。
　記録の保存年限の延長は、早急に行うべきことの一つである。しかし、
日本の社会的養護の子どもやケアリーヴァーのために記録の保存年限を
延長するということだけで、果たして、この課題は解決できるのだろうか。
記録は社会的養護の施設でも作成されるがそれらの保存年数を含む記録
の管理や廃棄は内規で定められてはいるものの、実際にどの程度その規
則に則って記録管理が行われているかは不透明である。現行では、規則
を改正し記録の保存年限だけを延長しても、それが十分に履行されてい
るかを確かめる術がない。

3　中村みどり（2016）「私のライフストーリーを紡ぐ」：66。

4　2015 年に調査で訪問したイングランドの南部、ウエストサセックス州では、子ど
　もものサービスに関わる記録の保存や廃棄の時期を示した、リテンションスケジュー
　ルを公開している――West Sussex County Council children's services. (2007). File Reten-
　tion and Destruction Policy: 9.

5　1999 年の児童保護法 The Child Protection Act によれば、子どものケースファイルは、
　子どもの死亡に関わる調査やケアの見直しの調査などの対象として使用され
　る――Queensland State Archives. (2013). Department of Communities, Child Safety and
　Disability Services (Child Safety) Retention and Disposal Schedule: 17.

6　徳永祥子（2016）「社会的養護の記録は当事者が利用できてこそ価値がある」：27。

　さらに徳永が論じるように、日本の社会的養護の現状では、自分の「記録」があることを知っている人はそれほど多くなく、その記録を何らかの手段を用いて目にすることができることを知る人はさらに少ない[7]。多くのケアリーヴァーはその記録の存在すら知らないままで、記録の保存年限の延長は、根本的な解決に至らない恐れがある。

　社会的養護で暮らしてきたケアリーヴァーや現在そこで暮らす子どもたちが、彼らの身の回りに起こった状況を知るために、そうした情報や記録が保管されている場所やアクセスの方法について、社会的養護に入所した早い段階で伝えるべきである。その手段の一つとして考えられるのが、自治体が作成、配布している「子どもの権利ノート」である。

子どもの権利ノート・育ちアルバム

　子どもの権利ノートは、社会的養護に入所した子どもに、彼らがもつ権利について説明するもので、1995 年に大阪府において初めて作成され、2004 年 9 月時点では、38 都道府県 11 都市という全国規模で作成され[8]、現在ほとんどの自治体が作成、配布している。子どもの権利ノートを研究している長瀬正子によれば、概ね多くの自治体では、児童養護施設などの社会的養護に措置された時に、配布される[9]。そのため、日本の場合は子どもの権利ノートに記録へのアクセスのために必要な情報を掲載することで、社会的養護に入所した段階で、子どもの権利条約で触れられる知る権利を意識させることができる。さらに、記録の開示が必要な時に、子どもの権利ノートから請求方法や場所などの情報が確認できれば、彼らが自分の必要な時に記録へのアクセスを選択できる。

　オーストラリアの王立委員会の調査の中では、社会的養護にいる子どもに記録管理に関与させることを奨励し、記録の作成に参加させることが提案されている。このような取り組みは日本でも近年行われるようになっている。例えば、国立武蔵野学院が設置した「社会的養護における「育ち」「育て」を考える研究会」では、「育ちアルバム」の作成を推奨している。この「育ちアルバム」は、「一般的なアルバムとは異なり、子ども

の意志を尊重し、子どもが主体となって作成する、子どものための生い立ちの記録である [10]。」この「育ちアルバム」の導入の背景には、「施設や里親家庭などで暮らす子どもに対して、最適の養育環境が与えられ、一人ひとりの子どもがつながりのある道を主体的に歩むことができているとは言い難い状況がある [11]。」このような状況の中で、記録の作成に関与することは、自らの生い立ちを整理すると共に、自らが置かれている状況を他者に伝える、重要な意義を持つものである。

1.2　個人情報の開示と公開

　社会的養護における記録に含まれる個人情報の取り扱いに関する課題は、複雑で、現在も多くの議論があり、手探りの試みが続けられている。本書の第 4 章や第 6 章で取り上げたオーストラリアの王立委員会の調査などでは、個人情報の開示に際して、第三者情報として、親や兄弟、姉妹、親戚などの情報が取り除かれたために断片的な記録しか手に入らなかったケアリーヴァーもいたことが明らかとされている。このような状況に直面したケアリーヴァーやケアリーヴァーの団体などは、現在、オーストラリアの王立委員会が公表した記録に関する専門調査報告書への提言にも

7　同前：26–27。
8　長瀬正子（2005）「児童養護施設における子どもの権利擁護に関する一考察」。
9　長瀬正子（2016）「全国の児童養護施設における「子どもの権利ノート」の現在：改訂および改定の動向に焦点をあてて」：74。長瀬によれば、子どもの権利ノートは「特に、2001 年に 作成した自治体が最も多く、その背景には、カナダ・トロント市における「権利ノート」の紹介、子どもの権利条約の批准にともなう自治体の施策があった。また、同時期に、複数の自治体において、施設における体罰事件が発覚し、それに伴う厚生省（当時）の通知が影響を与えた。これらの作成背景から明らかとなるのは、「権利ノート」は、子どもに権利を伝えようという積極的な姿勢によってのみ作成されたのではなく、施設における暴力問題という大きな課題に対する対策としての側面もあったということである。」
10　国立武蔵野学院「「育ちアルバム」作成の手引きの目的について」。
11　同前。

あるように、個人情報の法律における「第三者」の柔軟な解釈を求める
ようになった。また、社会的養護の将来的な選択肢として考えられる特
別養子縁組に関する記録は、第5章で論述したように、記録を保管する
民間の養親縁組あっせん団体の中には、少数ではあるが記録が残る事自
体を否定する声もあり、実際に現在に至るまで多くの記録が廃棄されて
きた。それは、民間のあっせん団体の中に、養子が新たな家族と親子関
係を構築する中で、養子の出生に関わる記録が残る事で親子関係を脅か
されるのではないかという意識があったと想定される。特別養子縁組で
は、生物学上の親子が戸籍上で、親子ではなくなってしまう。そのため、
養子となった子どもだけでなく、生みの親が子どもについての情報を知り
たい場合、または情報を知らせたくない場合の個人情報の開示のシステ
ムづくりが不可欠である。養子が生みの親に会いたいと願う場合に、直
接的に養子が彼らに連絡を取るのではなく、フランスなどヨーロッパの国
や韓国のように、養親縁組に関する情報や記録を保管する機関が、仲介
をする仕組みが日本でも必要である。仲介する機関があることで、プラ
イバシーの漏洩の危険や養子が生みの親が暮らす新しい家族の元へ突然
訪問することもなく、互いにトラブルを回避できるはずである。日本でも、
2020年から日本財団の助成を受けて、養子縁組された子どもの記録や情
報を探す支援を社会福祉法人国際社会事業団（ISSJ）が取り組んでいるが、
特別養子縁組の数を増加させたいと考える国が主体となり、こうした子
どもの権利保障の部分も制度化して整備していく必要があろう。

ケアリーヴァーと第三者の間

　現在196の国と地域[12]が締約している子どもの権利条約の第7条、第
8条で、子どもの出自を知る権利、子どものアイデンティティを確保する
権利が定められている。このような子どもが本来もつ権利は、第三者情
報についての個人情報保護に関する法律の利害と衝突してしまうように
見える。才村眞理らは、日本における子どもの権利の状況について、「2016
年の5月に改正児童福祉法が成立し、子どもの権利条約を基本理念とす

ることが明記された。しかし、改正内容の条文には、子どもの出自を知る権利等の擁護に関する文言はなく、これらの権利擁護をどのように実現していくかは今後の課題である」[13]と現在の状況を分析している。2017・平成 29 年の個人情報保護法の改正により、それまで取り扱う個人情報の数が 5,000 以下である事業者を規制の対象外としていたが、これが撤廃された。そのため、多くの社会的養護の施設でも個人情報の開示請求への対応が求められる。しかし、特別養子縁組で養子縁組した子どもに対して、生みの親が事前に情報開示に同意していたとしても、新しい家族や生活の中で、その情報開示の考え方も変化する例もあり、第三者情報の開示の確認時期や方法についても今後議論が必要である。エリザベス・シェパード E. Shepherd は、「歴史的な児童虐待や体制変化、人権侵害における、第三者に関するデータへのアクセス、または、個人記録の入手や利用にジレンマが存在する[14]」と言及していたが、ケアリーヴァーが知りたいと思い、開示して欲しいと思う家族の情報とその情報が「重大な心理的影響を与え、その後悪影響を及ぼす」かどうかの判断の難しさがある。

　ケアリーヴァーが家族や親戚の第三者情報にアクセスしたいと望む場合、記録の開示は、法律に基づいて第三者から同意をとるという選択が明確である。問題は、ケアリーヴァーがアクセスをしたいと思ったときに、ケアリーヴァーと第三者の間に入って同意をとれる人が必要だということである。本書で取り上げた韓国の養子縁組記録の場合は、養子と実親（実母・実父）の間の連絡に、中央養子縁組院（現・児童権利保障院）が入り、住民登録番号や名前など様々な情報から実親へ接触しようと試みる。もし、住所がわからない場合も警察や公的なネットワークシステムを利用する

12　日本ユニセフ協会「子どもの権利条約　締約国」。

13　才村眞理・大阪ライフストーリーワーク研究会編著（2016）『今から学ぼう！　ライフストーリーワーク：施設や里親宅で暮らす子どもたちと行う実践マニュアル』：15。

14　Shepherd . E. (2017). Chapter 10: Right to Information: 256.

ことで、居場所を突き止め、接触する。果たして、このような体制は日本において現実的で実現可能であると言えるであろうか。

　これからの日本における社会的養護に関する記録開示を考えた場合、子どもが施設に入所する時に、家族や親戚などの自らに関する情報をどこまで知っていて、入所している間に情報をどのように知らせていくのかという計画とそのための第三者への同意をとっておくことが必要であろう。これらは、単に記録の開示などの問題だけではなく、そうした情報は、施設における子どもの自立支援や心理面接、ライフストーリーワークにも役立てることができる。しかし、一方で懸念されることもある。日本の社会的養護へ入所する子どもの約半数以上が虐待されていた経験があることを考えると、家族との接触や情報のやり取りは慎重に行わなければならない。

1.3　専門職が果たすべき役割

　第4章ではオーストラリアの王立委員会の性的虐待調査の過程で、記録管理に携わる専門職や専門職団体が果たすべき役割を分析し、第6章では、ICA の定めたアーカイブズへのアクセス原則とガイドラインから、社会的養護に関する記録を提供する専門職の役割について検討してきた。第4章では、専門職団体が調査の開始直後から、記録を保管している組織に記録を廃棄されないように提言を行い、将来的に社会的養護の記録管理システムは、子どもの最善の利益を守るためにどうあるべきか検討する姿が映し出された。今後は虐待の防止など様々な目的で利用できる記録管理を目指す一方で、ファインドアンドコネクト Find & Connect のウェブサイトのように、ケアリーヴァーの記録や情報を中心に様々な人たちが情報を得られる場所の提供も重要な役割の一つになっていくであろう。第6章では、ノルウェーの国立公文書館で提供された母子保護施設レーベンスボルンの記録提供に携わるアーキビストの実践から、自らの出生についての知る権利を脅かされているケアリーヴァーに対しては、規定

に従ったレファレンス対応だけでなく、柔軟な対応が求められることが言及された。そのため、記録を提供するアーキビストは、規定とケアリーヴァーのニーズというバランスをもったレファレンス対応が求められる。

ライフストーリーワーク

また、こうしたケアリーヴァーのレファレンス対応には、第2章のイギリス、バーナードスで見られたように、アーキビストだけでなく、ケアリーヴァーの心理的な面を配慮し、ソーシャルワーカーと共に記録提供を行う組織もあり、日本でも児童福祉に携わる専門職員との連携が想定できる。ライフストーリーワークの研究を行う才村眞理らは、イギリスから日本へ伝えられたライフストーリーワークの理念、技術、方法を導入し、日本版ライフストーリーワークを広めていくための課題として、8つの課題をあげている[15]。このうちの知る権利の法的根拠、子どもに関する記録保管の体制づくり、ケアリーヴァー（社会的養護を出た人たち）への支援の3つは、本書でも指摘した記録へのアクセスにもかかわる共通の課題である。

特に、子どもの記録保管の体制づくりについては、ライフストーリーワークを行うための基礎となる。才村らは、「子どもの権利を保障するための基礎となるのは、SW（ソーシャルワーカー）やケアワーカーなどの支援者が作成する記録である。なぜなら、子どもの家族と連絡がつかない場合や支援者の人事異動や退職が多い日本の社会的養護では、幼少時の状況や家族の情報などは記録に書かれたものをもとに子どもと支援者が理

15　前掲注13、才村眞理・大阪ライフストーリーワーク研究会編著（2016）：15–18。才村らがあげている課題は、①知る権利の法的根拠、②ライフストーリーワークの業務としての位置付け、③ライフストーリーワークの理念をソーシャルワークに取り入れる、④ライフストーリーワーク実践者になるためのトレーニング、⑤スーパービジョンができる人を養成する、⑥子どもに関する記録保管の体制づくり、⑦ケアリーヴァー（社会的養護を出た人たち）への支援、の8つである。特に本稿と関係が深いものとして、①、⑥、⑦があげられる。

解していくしかないからだ[16]。」とライフストーリーワークの実践に欠か
すことのできない記録について言及している。

　ケアリーヴァーでもあり、社会的養護の研究者でもある草間吉夫は、
母親の病気や自らの出生について突然知ったことで衝撃を受けたが、そ
のような境遇を受け止める手段として、「「ライフストーリーワーク」とい
う援助技術が一解決法となる可能性がある[17]」と提唱する。この十数年
で自治体の児童相談所や児童養護施設など、ライフストーリーワークの
研修を実施する所は増えている。そのため、子どものケアワークに携わ
る職員研修で、記録の作成から管理、利用を含む記録管理についての講
習を組み入れることは理解を深めることになる。それは、結果的にライフ
ストーリーワークの社会的養護への導入が進むほど、記録や記録管理シ
ステム構築の必要性を社会的養護の現場で働く職員が認識していくこと
に繋がると考えられる。

　しかし、この見通しには弱点や課題もある。現在、社会的養護で生活
をする子どもついては、研修などの様々な試みで、記録管理システムの
改善による成果が得られるかもしれないが、既に社会的養護のケアから
抜けてしまったケアリーヴァーについては、彼らの記録を救うための手段
がない状況である。才村らも、「今後は、ケアリーヴァーが自分の知りた
い情報を生涯にわたって入手できるよう、記録の保管年限を延長する必
要がある」ことを指摘している。そして、「社会的養護にいる間と同様に、
そこを離れた長い人生においても、当事者の「知る権利」を保障するに
は社会的養護という公的サービスの一環であるという意識に立った記録
作成や記録保管制度を確立していくことが必要」[18]だとしている。

記録に関わる専門職の重要性
　本書では、社会的養護におけるケアリーヴァーが安定したアクセスを
行える記録と記録管理システムについて考察してきた。日本よりも一般
的に記録管理システムが行き届いていると言われるイギリスやオースト
ラリアなど本書で論じた事例においても、法的、人材的な側面が課題と

なり、安定したアクセスをケアリーヴァーに提供できているとは言い難い現状が確認できた。それは、シェパードが「貧弱なレコードキーピングシステムは、故意に、利用できない、または見つけることが難しい情報を作ることで信頼の欠如の一因となる[19]」と論じるように、未熟な記録管理システムは、ケアリーヴァーの不信感を増大させる要因になる。

　それでも、ケアリーヴァーに安定したアクセスを提供するために、アーキビストをはじめとする専門職が行えることは、組織の記録管理システムの構築とその課題に取り組むことに他ならない。現在の社会的養護にいる子どもたちの記録の作成から、管理、廃棄まで、専門職が介入することで、記録にアクセスできないというケアリーヴァーを減少させていく道しかない。そのためには、社会的養護で働く職員やケアワーカーや臨床心理士などの専門職、児童相談所の職員などとアーキビストを含む記録に関わる専門職員との連携が不可欠である。社会的養護への入所段階から、記録を利用することを念頭においた支援計画を準備し、記録管理システムを並行して構築することが望まれる。

2　社会的養護における記録とアーキビストの役割

記録保管の年限

　日本の社会的養護を巡る状況は、増加する虐待への対応を強化するための児童福祉法の改正などにより、近年目まぐるしく変化している。2017・平成 29 年 8 月 2 日、国が主導する新たな社会的養育の在り方に関する検討会は、「新しい社会的養育ビジョン」を公表した。報告書では、

16　同前：17。

17　草間吉夫（2016）「いつやるの？　今（入所中）でしょう！」：19–20。

18　同前掲注 16。

19　前掲注 14、Shepherd . E. (2017): 260.

子どもが権利の主体であることが示された改正児童福祉法の理念を具体
化するため、「社会的養護の課題と将来像（平成23年7月）」を全面的に
見直し、「新しい社会的養育ビジョン」とそこに至る工程が示された。ビ
ジョンの中の「子どもの権利保障のための児童相談所の在り方」では、
記録の保存について「児童相談所に係った子どもが自分の過去を知りた
いときに知ることができるのは子どもの権利である。従って、少なくとも
代替養育（一時保護を含む）が行われた子どもに関しては、永年保存を
行うべきである[20]」ことが明記され、これまで多くの児童相談所が25年
や30年で廃棄していた記録を永年で保管することが提唱されている。

　さらにビジョンでは、家以外の代替養育を受けることになった「子ども
の出自を知る権利の保障と記録の在り方」についても言及している。

　　　子どもたちには、実親や保護される前の保護者について、また当該
　　　措置の必要性及び新たな養育環境の適切性に関する記録が保存され、
　　　子どもが一定年齢に達した後はその閲覧を求める権利を認めるべき
　　　である。知る権利を担保するためには代替養育を担う施設や里親に
　　　おいても、少なくとも、対象の子どもが亡くなるまで記録を法人が
　　　責任をもって保存すべきである。法人が解散するために保存ができ
　　　なくなる時には、その施設に過去に在籍していた者に通知する、措
　　　置した児童相談所や都道府県等で一括して保管するなどして、保存
　　　に努めるべきである[21]。

ケアリーヴァーが記録にアクセスできる年齢と知る内容

　代替養育を受ける子どもの記録の保存については明記されているが、
その閲覧については、「一定年齢に達した後」と制限をつけている。これは、
当然のことながら、子どもが記録を見ることで、知らなかった様々な家族
に関する情報を知ることを前提として、精神的なダメージに配慮する必
要があるということに他ならない。しかし、一方でこの一定年齢という線
引きは曖昧であり、この年齢を簡単に設定することができるのかというこ

とは、疑問である。子どもの置かれている環境は、一様ではない。同じ
年齢でも精神的に落ち着いている子どももいれば、そうでない者もいる。
そのため、年齢制限の必要性はあるが、どの年齢から閲覧できるのか、
その定義は難しいと言える。

　また、施設等を運営する法人が解散した場合、「過去に在籍していた者
に通知する」または、「措置した児童相談所や都道府県等で一括して保管」
という選択については、法律や規則などが整備されていないため、実現
の可能性については未知数である。今後この具体策について更なる議論
ができる場を国は用意し、児童福祉法の中でも施設等を運営する法人が
解散した場合の記録の扱いについて規定しなければ、全国で徹底してい
くことは困難である。さらに「新しい社会的養育ビジョン」で言及された、
「子どもの出自を知る権利の保障と記録の在り方」では、保管し、子ども
が保有するべき記録の内容についても明示している。

　　　本来、子どもについての情報・記録は子どもが持つことが必要である。
　　　特に母子手帳に記載されている情報は養育においては欠かせないば
　　　かりでなく、子どもの将来にとって必要である。代替養育におい て
　　　は母子手帳を大切にし、紛失している場合は母子手帳に記載される
　　　べき情報（妊娠・出生情報、成長発達の情報、予防接種情報など）
　　　を入手し、その情報を子どもに与えられるべきである。また、それ
　　　らの情報を含め、子ども一人ひとりのつながりのある育ちを保障す
　　　るため、「育てノート」を活用するなどして、胎児期からの生活の記
　　　録を取り、保存すべきである[22]。

20　新たな社会的養育の在り方に関する検討会（2017）「新しい社会的養育ビジョ
　　ン」：21。
21　同前：38。
22　同前。

　報告書では、子どもについての情報・記録は、子どもが持つことが必要であることに触れている。特に母子手帳などは、施設から退所したケアリーヴァーが持っていれば、幼少期の病歴などを知る事ができるなど、大きな利点がある。これまで、児童相談所の運営指針などでは、「記録の保存」ということだけに集中して提案されてきたが、本報告書では、より具体的な提言となっている点は評価できる。そして、「育てノート」の活用については、つながりのある育ちの保障という目的に言及している。社会的養護の多くの施設では、職員の勤続年数が短い。「全国児童養護施設調査」によれば、社会的養護の大部分を占める児童養護施設の職員では、勤続年数3年以内の離職者が約半数を占めることが明らかになり、非常勤職員になるとその割合は7割以上と高くなる[23]。大半の職員が3年以内に施設を去ってしまう現状を考えると、かつて施設にいた子どもの在籍当時の状況を知っている人を探し出して、話を聞くという事は、難しい。そのため子どもの生活の記録を「育てノート」につけることで、ケアに携わる職員が子どもに関する情報を次世代につなぐ役割を果たしていくことができる。ケアリーヴァーの中には、施設を退所してから安定した生活基盤を築くことが難しく[24]、経済的な面、生活環境、精神面など様々な面で支援が必要な人もいる。社会的養護の記録管理システムを整備することは、ケアリーヴァーにとってアイデンティティの確立にもつながるが、さらに療育手帳など今後の生活を整えるために、必要な書類を容易に取得できることに繋がってくる。

専門家どおしの連携

　こうした記録へのアクセスには、専門職の支援が不可欠である。安藤正人は、アーキビストが専門職ではならなければならない第一の理由として、3つのアーキビストの任務（「失われつつある過去の記録遺産を守る[25]」、「記録遺産を現代に活用する」、「現代の記録を明日に伝える[26]」）が、いずれも高度の知識と技能を必要とするからだと言及した。さらに安藤は、「公文書であれ、企業記録であれ、特定の業務目的のために作られた記録に対して人

類共有の文化遺産としての普遍的価値を付与し、公開利用に供していくためには、またそれと同時に廃棄にまわす記録を選び出していくためには、親組織である行政体や企業の規則から自由な立場で、自らの判断によってその職務を遂行できる能力と権限を持った人間の存在が不可欠[27]」であると単なる組織内スペシャリストではない、独立したプロフェッションとしてのアーキビストが必要な根本理由をあげる。

　エリック・ケテラール E. Ketelaar は、1996 年に記された ICA の倫理綱領を引用し、「アーキビストは、アーカイブズの完全性を保護するべきで、証拠を隠し、または歪曲するために証拠を操作するためのどんな原因からの圧力にも抵抗するべきだ。アーキビストは、所有者やデータの対象者の権利や利益に責任を負い、そして、その利用者も考慮しなければならない。倫理綱領は、これらの異なる利益のバランスの取り方を示していない[28]」と指摘する。これは、各アーキビストの現場での判断に委ねられているともみてとれる。ケアリーヴァーが記録の開示に際して、一般

23　認定 NPO 法人ブリッジフォースマイル調査チーム（2013）「全国児童養護施設調査 2012：施設運営に関する調査」：15。

24　堤圭史郎は、厚生労働省の調査結果『児童養護施設入所児童等調査』を引用し、「社会的に厳しい状況におかれている 人々ほど、未就職・無業の状況になりがちであるという報告は既に成されている。家族という資源を活用することができない／難しい児童養護施設経験者が、職業達成や社会生活において極めて厳しい状況にある事を、これらの事例は示唆している」と指摘する——堤圭史郎（2008）「第 4 章「ネットカフェ生活者」の析出に関する生育家族からの考察」。

25　安藤正人（1998）『草の根文書館の思想』：90。アーキビストは自分が働く組織の、そして地域の歴史を知らなければならないし、記録史料を長く保存していくための保存科学や修復技術に詳しくなくてはならない。

26　同前。アーキビストは、現代の膨大な記録情報の価値をさまざまな角度から科学的に評価し、記録遺産として永久保存するものを選択する目を備えなければならないとし、そのために、行政体や企業体などの組織管理と情報流通に関する理論と実務に精通する必要がある。

27　同前：92。

28　アムステルダム大学の講演の中で、ケテラールは倫理綱領についていくつかの疑問を投げかけた。例えば、亡くなった人の利益は生きている人の利益より勝るのか。

の利用者よりもより多くの支援を必要とするのならば、記録へのアクセスによって得られる結果が公平で、平等になるように、専門職は記録の開示の申請や記録を読み解くような支援もしていく必要がある。しかしこれには、アーキビストだけではなく、児童福祉に関わる専門家との連携を強化することが求められる。

記録管理システムの構築・整備へ

　ソーシャルワーカーである徳永は、ケアリーヴァーにとっての記録を以下のように論じている。

> 　社会的養護の子どもにとってどのような記録が、いつ必要となるだろうか。筆者が 10 数年間暮らしてきた子どものなかには、度重なる措置変更や児童相談所のケースワーカーの変更により、「子どもがどこまでの情報を把握しているのか」ということが引き継がれず、重要な情報を「知らないということも知らない」という状態で入所してくる者が何人もいた。中学生の子どもが自分の出生地や親の名前、名前の由来や生まれた時の状況などを知らされていないのである。これは、一般家庭で育つ子どもが知りうる情報と比すると不十分だと言わざるをえない[29]。

　記録管理システムを構築し、安定したアクセスをケアリーヴァーに提供することは、彼らに「知る権利」として手段を用意することであり、必ずしもケアリーヴァーの全てに記録へのアクセスを強制するものではない。記録にアクセスするのか、自分の記録を自分以外の家族に開示するのかといった決断の主体は、常にケアリーヴァーにあり、記録管理システムを構築することは、その選択肢の基盤を整えることに他ならない。そのためには、社会的養護における記録の活用を促進させ、社会的養護の現場から記録と記録管理システムを整備することの必要性に対する理解が社会や組織に浸透していくことが要求される。

　最初のステップとして、社会的養護の現場で働く職員への理解は不可欠である。現在社会的養護にいる子どもに関する記録を最も作成しているのは、現場の職員であり、保管も、そして廃棄の判断を下すのも現場の職員である。社会的養護で働く職員が、今後ケアリーヴァーが記録にアクセスしてくることを念頭に置いた記録の作成についても自ら考えるような土壌をつくる必要がある。このような環境を生み出すためには、社会的養護の仕事に将来従事する学生が多くいる、福祉系の大学や専門学校などで、記録に関する授業や講座を開設し、社会的養護へ実習に行く段階から記録に関する理解を促すことも有効であると考えられる。今後も記録の開示や利用を念頭に置いた記録の作成が行われることで、社会的養護に関する記録は最大限に持てる力を発揮していくことが可能になるであろう。

　社会的養護における安定した記録管理システムを基盤として、ケアリーヴァーのアクセスが容易に行えるようになると、ライフストーリーワークなどの記録の利用の促進が予想される。ケアリーヴァーが自らの過去を知る事で、本書の中でもケアリーヴァーが語っていたように、社会的養護の退所後の生活に自信を持って踏み出せるように記録を糧としてほしい。このような社会的養護における現場理解を深めるためには、記録に関する専門職からの継続的な働きかけを行い、現場のニーズも応えていく必要がある。また、アーキビストを含む専門職員は、記録を中心とした利害関係者の間でも個人情報や法律等の様々なバランスを取りながら、介在していくことが求められる。

　生きている人のプライバシーは、歴史研究よりも勝るのか。アクセスの権利は、忘れられる権利に取って代わられるのか。これらの課題についての公的な、法律の議論は、Ketelaar, E. (1998). Archivalization and Archiving: 6;　Harris, V. (2007). Chapter 12: Knowing Right from Wrong: The Archivist and the Protection of People's Right: 204.

29　前掲注6、徳永祥子（2016）：26。

参考文献

［海外文献］

The American Archivist. (1955). The Archivist's Code. *The American Archivist*, 18(4): 307–400.

Anglican Church of Australia Royal Commission Working Group. (2016). *Consultation Paper: Records and Record Keeping Submission.*

　<https://www.childabuseroyalcommission.gov.au/sites/default/files/file-list/Consultation%20Paper%20-%20Records%20and%20recordkeeping%20Practices%20-%20Submission%20-%203%20Anglican%20Church%20of%20Australia.pdf>（最終アクセス：2021 年 6 月 18 日）

Anglicare Victoria. (Oct. 2016). *Anglicare Victoria's Submission to the Royal Commission into Institutional Responses to Child Sexual Abuse: Records and Recordkeeping Practice.*

　<https://www.childabuseroyalcommission.gov.au/sites/default/files/file-list/Consultation%20Paper%20-%20Records%20and%20recordkeeping%20Practices%20-%20Submission%20-%204%20Anglicare%20Victoria.pdf>（最終アクセス：2021 年 6 月 18 日）

Anglicare Western Australia.

　<https://www.childabuseroyalcommission.gov.au/sites/default/files/file-list/Consultation%20Paper%20-%20Records%20and%20recordkeeping%20Practices%20-%20Submission%20-%205%20Anglicare%20Western%20Australia.pdf>（最終アクセス：2021 年 6 月 18 日）

Australian Human Rights and Equal Opportunity Commission.

Australian Human Rights Commission. (April 1997). *Bringing Them Home: Report of the National Inquiry into the Separation of Aboriginal and Torres Strait Islander Children from their Families (Bringing Them Home report).*

Australian Society of Archivists. (26 Nov. 2012). *Submission by the Australian Society of Archivists Inc. on the Consultation Paper Regarding the Establishment of the Royal Commission into Institutional Responses to Child Abuse.*

　<https://www.archivists.org.au/documents/item/265>（最終アクセス日：2021 年 6 月 6 日）

Australian Society of Archivists. (31 May 2015). *Submission to the Royal Commission into Institutional Responses to Child Sexual Abuse.*

　<https://www.archivists.org.au/documents/item/582>（最終アクセス日 2021 年 6 月 6 日）

Australian Society of Archivists. (11 April 2016). *ASA Statement RE: Out of home care.*

　<https://www.archivists.org.au/documents/item/787>（最終アクセス日 2021 年 6 月 6 日）

Australian Society of Archivists. (13 Oct. 2016). *Submission to Consultation Paper 'Records and recordkeeping practices'.*

　<https://www.archivists.org.au/documents/item/932>（最終アクセス日：2021 年 6 月 6 日）

Australian Society of Archivists. Public Submission.

<http://www.archivists.org.au/about-us/submissions>（最終アクセス日：2021 年 6 月 6 日）

Bargach, Jamila. (2002). *Orphans of Islam: Family, abandonment, and secret adoption in Morocco*. NY: Rowman & Littlefield.

Bellardo, Leis., & Bellardo, Lady. (Eds.). (1991). *A Glossary for archivists, manuscript curator, and records managers*. Chicago: Society of American Archivists.

Berridge, David. (1985). *Children's Homes*. Oxford: Blackwell.

The Care Leavers' Association. (2014). ATR Quality Mark Framework Checklist.

<https://www.careleavers.com/wp-content/uploads/2018/02/ATR_Quality_Mark_Framework_Checklist.pdf>（最終アクセス日：2021 年 5 月 24 日）

The Care Leavers' Association. (2014). CLEARmark: Access to Records Quality Mark.

<https://www.careleavers.com/clearmark-2/>（最終アクセス日：2021 年 5 月 24 日）

The Care Leavers' Association. (2014). The Data Protection Act.

<https://www.careleavers.com/what-we-do/access-to-records/accessing/data/act/>（最終アクセス日：2021 年 5 月 25 日）

The Care Leavers' Association. (2014). The Needs of adult care leavers.

<https://www.careleavers.com/adult/>（最終アクセス日：2021 年 5 月 25 日）

The Care Leavers' Association. (2014). Vision & Mission.

<https://www.careleavers.com/who-we-are/mission/>（最終アクセス日：2021 年 5 月 24 日）

The Care Leavers' Association. (2014). What is a Care Leaver?

<http://www.careleavers.com/careleaver>（最終アクセス日：2016 年 11 月 26 日）

Care Leavers Australasia Network. (Revised 19 Oct, 2020). A Charter of Rights to Childhood Records.

<https://clan.org.au/wp-content/uploads/2021/04/CLAN-Charter-Rights-Records-Rev-update.pdf>（最終アクセス日：2021 年 6 月 18 日）

Care Leavers Australasia Network. *Clans Submission to the Royal Commission on Records and Recordkeeping Consultation Paper*.

<https://www.childabuseroyalcommission.gov.au/sites/default/files/file-list/Consultation%20Paper%20-%20Records%20and%20recordkeeping%20Practices%20-%20Submission%20-%2013%20CLAN.pdf>（最終アクセス：2021 年 6 月 18 日）

CBC News. (Nov. 17, 1999). Ontario apologizes for abuse at Grandview school.

<https://www.cbc.ca/news/canada/ontario-apologizes-for-abuse-at-grandview-school-1.196287>（最終アクセス日：2021 年 5 月 24 日）

Centre for Excellence in Child and Family Welfare Inc. (2012). *Who Am I? Making records meaningfull: Resources to guide records-keeping practices which support Identity for children in out-of-home care*.

<http://www.cfecfw.asn.au/know/research/sector-research-partnership/partnership- projects/

out-home-care/who-am-i> (最終アクセス日：2017 年 2 月 22 日)

Coate, Jennifer. (2016). Perspectives on records and archives: An update from the Royal Commission.

Committee IT-021. (2002). Records Management, AS IOS 15489.1 – 2002 Australian Standards Records Management Part 1: General, Standards Australia, 2002: 3.

Cook, Terry. (2013). Evidence, memory, identity, and community: Four shifting archival paradigms. *Archival Science*, 13(2–3): 95–120.

CREATE Foundation. (Oct. 2016). *CREATE Foundation Submission to the Royal Commission into Institutional Responses to Child Sexual Abuse Response to Consultation Paper: Records and Recordkeeping Practices.* <https://www.childabuseroyalcommission.gov.au/sites/default/files/file-list/Consultation%20 Paper%20-%20Records%20and%20recordkeeping%20Practices%20-%20Submission%20 -%2015%20CREATE.pdf> (最終アクセス：2021 年 6 月 18 日)

Daniels, Maygene, F., & Walch, Timothy. (Eds.). (1984). Glossary. *A Modern archives reader: Basic readings on archival theory and practice.* Washington, D.C.: National Archives and Records Service, U.S. General Services Administration: 339.

Department of Social Services, Australian Government. (2011). *An Outline of National Standards for Out-of-home Care.* <https://www.dss.gov.au/sites/default/files/documents/pac_national_standard.pdf> （最終ア クセス日 2021 年 6 月 6 日）

Department of Social Services, Australian Government. (June 2015). Access to Records by Forgotten Australians and Former Child Migrants: Access Principles for Records Holders and Best Practice Guidelines in providing access to records (Principles and Guidelines). <https://www.dss.gov.au/sites/default/files/documents/11_2015/final_dss_branded_access_ to_records_by_forgotten_australians_and_former_child_migrants_nov_15.pdf> （最終アク セス日：2021 年 6 月 18 日）

Doughty, Clayton. (April 1964). Adoption and immigration of alien orphans. *I&N Reporter*, 12(4): 50–52.

Douglas, Jennifer. (2010). Origins: Evolving ideas about the principles of provenance. In Eastwood, Terry., & MacNeil, Heather. (Eds.), *Currents of archival thinking* (pp. 23–44). Santa Barbara, CA: Libraries Unlimited.

Downing, Melissa., Jones, Michael., Humphreys, Cathy., McCarthy, Gavan., O'Neill, Cate., & Tropea, Rachel. (2013). An educative intervention: Assisting in the self-assessment of archival practice in 12 community service organisations. *Archives and Manuscripts*, 41(2): 116–128.

Duranti, Luciana., & Franks, Patricia. (Eds.). (2015). *Encyclopedia of archival science.* Maryland: Rowman & Littlefield.

Duranti, Luciana., & Franks, Patricia. (Eds). (2015). Code of Ethics. *Encyclopedia of archival science* (pp.46–47). Maryland: Rowman & Littlefield.

Eberhard, Kim. (2015). (Australian) Commissions of Inquiry and record-keeping: Opportunities to re-think the role of the archival professional association?. The ARA Conference, 2015.

Eberhard, Kim. (2015). Unresolved issues: Recordkeeping recommendations arising from Australian commissions of inquiry into the welfare of children in out-of-home care, 1997–2012. *Archives and Manuscripts*, 43(1): 4–17.

Etherton, Judith. (2006). The role of archives in the perception of self. *Archives and Records*, 27(2): 227–246.

European Court of Human Rights. (1989). Gaskin Judgment of 7 July 1989.
<http://www.echr.coe.int/Pages/home.aspx?p=home&c=fre> （最終アクセス日：2021 年 5 月 25 日）

Evans, Frank., et al. (1974). A Basic glossary for archivists, manuscripts curators, and records managers. *The American Archivist*, 37: 416.

Evans, Joanne. (2017). Setting the Record Straight: for the Rights of the Child Summit. *Archives and Manuscripts*, 45(3): 247–252.

Evans, Joanne., McKemmish, Sue., Daniels, Elizabeth., & McCarthy, Gavan. (2015). Self-determination and archival autonomy: Advocating activism. *Archival Science*, 15(4): 337–368.

Federal Register of Legislation, Australian Government. Royal Commissions Act 1902.
<https://www.legislation.gov.au/Details/C2016C00603>（最終アクセス日：2021 年 6 月 6 日）

Find & Connect.
<http://www.findandconnect.gov.au/> （最終アクセス日：2021 年 5 月 25 日）

Find & Connect. (2011). Background.
<https://www.findandconnect.gov.au/about/background/> （最終アクセス日：2021 年 5 月 25 日）

Find & Connect. (2011). The FOI and Privacy Laws in each state and territory.
<https://www.findandconnect.gov.au/resources/your-rights/> （最終アクセス日：2021 年 5 月 25 日）

Find & Connect. (2014). Royal Commission into Institutional Responses to Child Sexual Abuse (2012–).
<https://www.findandconnect.gov.au/ref/nsw/biogs/NE01207b.htm> （最終アクセス日：2021 年 6 月 6 日）

Find & Connect. (Last updated: 4 June 2021). Who Am I? Project (2008–2012).
<https://www.findandconnect.gor.au/guide/vic/E000/23>

Find & Connect web resource. (Oct. 2016). *Consultation Paper on Records and Recordkeeping Practices: Submission from the Find & Connect Web Resource.*
<https://www.childabuseroyalcommission.gov.au/sites/default/files/file-list/Consultation%20

Paper%20-%20Records%20and%20recordkeeping%20Practices%20-%20Submission%20
-%2018%20Find%20and%20Connect%20web%20resource.pdf> （最終アクセス：2021
年 6 月 18 日）

Foorde, Leneen., Thomason, Jane., Heilperm, Hans. (31 May 1999). *Commission of Inquiry into Child Abuse in Queensland institutions: Final report*. Department of Communities, Child Safety and Disability Services, Queensland Government.
<https://www.qld.gov.au/__data/assets/pdf_file/0023/54509/forde-comminquiry.pdf> （最終アクセス日：2021 年 6 月 6 日）

Frings-Hessami, Viviane. (2018). Care leavers' records: A case for a repurposed archive continuum model. *Archives and Manuscripts*, 46(2): 158–173.

Goddard, Jim., Feast, Julia., & Kirton, Derek. (2007). Memories, Childhood and Professional Power: Accessing the Care Files of Former Children in Care. *Paper Presented at the Narrative and Memory Research Group 6th Annual Conference* (University of Huddersfield, Huddersfield): 23–31.

Goddard, Jim., Feast, Julia., & Kirton, Derek. (2008). A Childhood on paper: Managing access to child-care file by post-care adults. *Adoption & Fostering*, 32(2): 50–62.

Goddard, Jim., Murray, Suellen., & Duncalf, Zachari. (2013). Access to Child Care Records: A Comparative Analysis of UK and Australian Policy and Practice. *The British Journal of Social Work,* 43(4): 759–774.

Golding, Frank., O'Neill, Cate., & Story, Natasha. (2013). Improving access to Victoria's Historical Child Welfare Records. *Provenance: The Journal of Public Record Office Victoria*, 12: 39–50.

Government of Norway. (2018). The Adoption Act.
<https://www.regjeringen.no/en/dokumenter/ACT-OF-28-FEBRUARY-1986-NO-8-RELATING-TO/id443477/> （最終アクセス日：2021 年 6 月 11 日）

The Government of the Republic of Ireland. (2009). *Report of the Commission to Inquire into Child Abuse*. Dublin.
<http://www.childabusecommission.ie/rpt/pdfs/> （最終アクセス日：2021 年 5 月 25 日）

Government of the United Kingdom. The Adoption and Children Act.
<https://www.legislation.gov.uk/ukpga/2002/38/contents> （最終アクセス日：2021 年 6 月 11 日）

Harris, Verne. (2007). Chapter 12: Knowing Right from Wrong: The Archivist and the Protection of People's Right. *Archives and justice: A South African perspective*. Chicago: Society of American Archivist: 204.

Herrero, Alvaro. (2015). Access to information commitments in OGP action plans: A report on the progress of reforms worldwide.
<https://ogp.am/u_files/file/ATI_report.pdf> （最終アクセス日：2021 年 6 月 18 日）

Horrocks, Christine., & Goddard, Jim. (2006). Adults who grew up in care: Constructing the self and accessing care files. *Child & Family Social Work*, 11(3): 264–272.

Humphreys, Cathy., & Kertesz, Margaret. (2012). 'Putting the heart back into the record,' Personal records to support young people in care. *Adoption & Fostering*, 36(1): 27–39.

Hurley, Chris. (March 1997). Records and the public interest: The Shredding of the Heiner Documents: An Appreciation.
<https://www.descriptionguy.com/images/WEBSITE/records-and-the-public-interest.pdf>（最終アクセス日：2016 年 11 月 19 日）

International Council on Archives. (1996). Code of ethics.
<https://www.ica.org/sites/default/files/ICA_1996-09-06_code%20of%20ethics_EN.pdf>（最終アクセス日：2021 年 6 月 18 日）

International Council on Archives. (2010). Universal Declaration on Archives.
<https://www.ica.org/sites/default/files/ICA_2010_UDA_JA.pdf>（最終アクセス日：2021 年 6 月 18 日）

International Council on Archives. (2014). Principles of Access to Archives.
<https://www.ica.org/sites/default/files/ICA_Access-principles_EN.pdf>（最終アクセス日：2021 年 6 月 18 日）

International Council on Archives. (2014). Principles of Access to Archives, Technical Guidance on Managing Archives with Restrictions.
<https://www.ica.org/sites/default/files/2014-02_standards_tech-guidelines-draft_EN.pdf>（最終アクセス日：2021 年 6 月 18 日）

International Council on Archives. (2015). Access. *Multilingual archival terminology*.
<http://www.ciscra.org/mat/mat/term/3748>（最終アクセス日：2021 年 6 月 18 日）

International Council on Archives. (2015). Archivist; Archives. *Multilingual archival terminology*.（日本語版）
<http://www.ciscra.org/mat/mat/term/3782>（最終アクセス日：2021 年 6 月 18 日）

International Organization for Standardization. (Nov. 2011). ISO 30300 – Information and documentation – Management systems for records – Fundamentals and vocabulary, International Organization for Standardization.

IOS 15489-1:2016. Information and documentation – Records management – Part1: Concepts and principles: 2.

Kertesz, Margaret., Humphreys, Cathy. & Carnovale, Cathy. (2012). Reformulating current recordkeeping practices in out-of-home care: Recognising the centrality of the archives. *Archives and Manuscripts*, 40(1): 42–53.

Ketelaar, Eric. (1998). Archivalization and Archiving. Unpublished inaugural address as chair of archivistics, University of Amsterdam, 23 October, 1998: 6.

Kirton, Derek., Feast, Julia., & Goddard, Jim. (2011). The Use of discretion in 'Cinderella' service:

Data protection and access to child-care file for post-care adults. *British Journal of Social Work*, 41: 912–930.

Korean Adoption Service. Family Search.
<https://www.kadoption.or.kr/en/root/record.jsp>（最終アクセス日：2021年6月11日）

(Korean) Ministry of Health and Welfare. Table 1: Adoption at home and abroad. Korea Adoption Services. *Korean Adoption Services.*

Longmore, Bruno. (2013). The Public Records (Scotland) Act 2011: Creating a culture that values public records. *Archives & Records*, 34(2): 248–262.

McCarthy, Gavan J., & Evans, Joanne. (2012). Principles for archival information services in the public domain. *Archives and Manuscripts*, 40(1): 54–67.

McCarthy, Gavan J., Shurlee, Swain., & O'Neill, Cate. (2012). Archives, identity and survivors of out-of-home care. *Archives and Manuscripts*, 40(1): 1–3.

MacKenzie, George. (2012). Impact of the Shaw Report on public record-keeping. *Speaker Full Papers & Abstracts, International Council of Archives Congress (Brisbane, Australia, 20th–24th August, 2012).*

MacNeil, H., Duff, W., Dotiwalla, A., et al. (2018). If there are no records, there is no narrative: the social justice impact of records of Scottish care-leavers. *Archival Science*, 18: 1–28.

Monash University Centre for Organisational and Social Informatics. (March 2016). *Submission to the Royal Commission into Institutional Responses to Child Sexual Abuse, Consultation Paper: Institutional Responses to Child Sexual Abuse in Out-of-Home Care.*
<https://www.childabuseroyalcommission.gov.au/sites/default/files/file-list/Consultation%20Paper%20-%20Out%20of%20home%20care%20-%20Submission%20-%2029%20Monash%20University.pdf>（最終アクセス日：2021年6月6日）

Murray, Suellen., & Humphreys, Cathy. (2014). My life's been a total disaster but I feel privileged: Care-leavers' access to personal records and their implications for social work. Child and Family Social Work, 19(2): 215–224.

National Archives of Australia. (2006). Tracking Family: A Guide to Aboriginal Records Relating to the Northern Territory.
<https://www.naa.gov.au/sites/default/files/2020-06/research-guide-tracking-family-second-edition_0.pdf>（最終アクセス日：2021年6月6日）

The National Archives of Scotland. (2009). *Report to Scottish Ministers on the Recommendations of 'The Report into the Historical Abuse Systemic Review of Residential Schools and Children's Homes in Scotland, between 1950 and 1995' by Tom Shaw, as submitted by the Keeper of the Records of Scotland.*
<http://www.nrscotland.gov.uk/files/record-keeping/public-records-act/Keepers%20Review%20Report.pdf>（最終アクセス日：2021年5月30日）

National Records of Scotland. (2021).

<http://www.nrscotland.gov.uk/about-us> (最終アクセス日：2021 年 5 月 29 日)

National Records of Scotland. (2019). Model records management plan (Revised 2019). <https://www.nrscotland.gov.uk/files//record-keeping/public-records-act/ModelPlan.pdf> (最終アクセス日：2021 年 5 月 30 日)

The National Records of Scotland: NAS. <https://webarchive.nrscotland.gov.uk/20170201033143/https://www.nrscotland.gov.uk/record-keeping/public-records-scotland-act-2011> (最終アクセス日：2021 年 5 月 24 日)

Nesmith, Tom. (1999). Still fuzzy but more accurate: Some thoughts on the 'ghosts' of archival theory. *Archivaria*, 47(Spring): 136–150.

Nesmith, Tom. (2006). The concept of societal provenance and records of nineteenth-century Aboriginal-European relations in Western Canada: Implications for archival theory and practice. *Archival Science*, 6(3)(December): 351–360.

Olsen, Kåre. (2004). Women and children in the front line: The 'Jerry Girls' of Norway and their children. *Comma*, 2004(1): 95–112.

Olsen, Kåre. (2013). Norwegian war children's work for justice: The role of the archives. *Comma*, 2013(1): 47–56.

O'Neill, Cate., Selakovic, Vlad., & Tropea, Rachel. (2012). Access to records for people who were in out-of-home care: Moving beyond 'third dimension' archival practice. *Archives and Manuscripts*, 40(1): 29–41.

Open Place. (Oct. 2016). *Response to Royal Commission into Institutional Responses to Child Sexual Abuse's Consultation Paper on Records and Recordkeeping Practice.* <https://www.childabuseroyalcommission.gov.au/sites/default/files/file-list/Consultation%20Paper%20-%20Records%20and%20recordkeeping%20Practices%20-%20Submission%20-%2029%20Open%20Place.pdf> (最終アクセス日：2021 年 6 月 18 日)

Parliament of Australia. (Aug. 2001). *Lost Innocents: Righting the Record-report on Child Migration (Lost Innocents Report).*

Pugh, Gill. (1999). *Unlocking the past: The impact of access to Barnardo's Childcare Records.* Aldershot, UK: Ashgate.

Queensland State Archives. (2013). Department of Communities, Child Safety and Disability Services (Child Safety) Retention and Disposal Schedule. <https://www.forgov.qld.gov.au/system/files/schedules/child-safety-retention-and-disposal-schedule-qdan637.pdf?v=1484886258> (最終アクセス日：2021 年 6 月 21 日)

Records Continuum Research Group. (Oct. 2016). Records Continuum Research Group Response to the RCIRCSA Consultation Paper: Records and Recordkeeping Practices. <http://www.childabuseroyalcommission.gov.au/policy-and-research/our-policy-work/making-institutions-child-safe/records/submissions> (最終アクセス：2017 年 3 月 27 日)

Reed, Barbara. (2005). Reading the records continuum: Interpretations and explorations. *Archives and Manuscripts*, 33(1): 18–43.

Rolan, Gregory. (2017). Agency in the archive: A model for participatory recordkeeping. *Archival Science*, 17: 195–225.

Rowell, Hilary. (2011). Reclaiming identity: Australia's response to children in care. *Comma*, 2011(1): 123–134.

Royal Commission into Institutional Responses to Child Sexual Abuse. Home.
<https://www.childabuseroyalcommission.gov.au/> (最終アクセス日：2021 年 6 月 6 日)

Royal Commission into Institutional Responses to Child Sexual Abuse. Commissioner Andrew Murray.
<https://www.childabuseroyalcommission.gov.au/commissioner-andrew-murray> (最終アクセス日：2021 年 6 月 6 日)

Royal Commission into Institutional Responses to Child Sexual Abuse. (2016).
<http://www.childabuseroyalcommission.gov.au/policy-and-research/our-policy-work/making-institutions-child-safe/out-of-home-care/submissions> (最終アクセス日：2021 年 6 月 6 日)

Royal Commission into Institutional Responses to Child Sexual Abuse. *Consultation Paper.*
<https://www.childabuseroyalcommission.gov.au/consultation-papers> (最終アクセス日：2021 年 6 月 18 日)

Royal Commission into Institutional Responses to Child Sexual Abuse. (March 2016). *Consultation Paper: Institutional Responses to Child Sexual Abuse in Out-of-Home Care.*
<https://www.childabuseroyalcommission.gov.au/sites/default/files/file-list/Consultation%20Paper%20-%20Out%20of%20home%20care%20-%20Submission%20-%2029%20Monash%20University.pdf> (最終アクセス日：2021 年 6 月 6 日)

Royal Commission into Institutional Responses to Child Sexual Abuse. (Sept. 2016). *Consultation Paper: Records and Recordkeeping Practice.*
<https://www.childabuseroyalcommission.gov.au/sites/default/files/file-list/Consultation%20Paper%20-%20Records%20and%20recordkeeping%20practices.pdf> (最終アクセス日：2021 年 6 月 18 日)

Royal Commission into Institutional Responses to Child Sexual Abuse. (2017). Final Report: Recordkeeping and information sharing.
<https://www.childabuseroyalcommission.gov.au/sites/default/files/final_report_-_volume_5_private_sessions.pdf>

The Scottish Government. (Nov. 2007). *Historical Abuse Systemic Review: Residential Schools and Children's Homes in Scotland 1950 to 1995 (The Shaw Report).* Edinburgh.

The Scottish Government. (2009). Independent Inquiry into Abuse at Kerelaw Residential School and Secure Unit. Edinburgh.

The Scottish Parliamentary Corporate Body. (2004). Wednesday 1 December 2004, Meeting of the Parliament, the Scottish Parliament, Edinburgh, 2004: 12398.

    <http://www.parliament.scot/parliamentarybusiness/report.aspx?r=4546&mode=pdf>（最終アクセス日：2021 年 5 月 29 日）

The Scottish Parliamentary Corporate Body. (2008). Thursday 7 February 2008, Meeting of the Parliament, the Scottish Parliament, Edinburgh, 2008: 5927.

    <www.parliament.scot/parliamentarybusiness/report.aspx?r=4774&mode=pdf>（最終アクセス日：2021 年 5 月 30 日）

Senate Community Affairs References Committee Secretariat, Parliament of Australia. (Aug. 2004). *Forgotten Australians: A Report on Australians who Experienced Institution or Out-of-Home Care as Children (Forgotten Australians Report).*

    <http://www.aph.gov.au/Parliamentary_Business/Committees/Senate/Community_Affairs/Completed_inquirie s/2004-07/inst_care/report/index.>（最終アクセス：2017 年 3 月 27 日）

Senate Community Affairs References Committee Secretariat, Parliament of Australia, Commonwealth of Australia. (2004). *Forgotten Australians: A report on Australians who experienced institutional or out-of-home care as children.*

    <https://www.aph.gov.au/~/media/wopapub/senate/committee/clac_ctte/completed_inquiries/2004_07/inst_care/report/report_pdf.ashx>（最終アクセス日：2021 年 6 月 6 日）

Setting the Record Straight: For the Rights of the Child Initiative. (2017). Our Principles.

    <https://rights-records.it.monash.edu/about-the-initiative/>（最終アクセス：2021 年 6 月 18 日）

Setting the Record Straight: For the Rights of the Child Initiative. (2017). Setting the Record Straight: For the Rights of the Child.

    <https://www.childabuseroyalcommission.gov.au/sites/default/files/file-list/Consultation%20Paper%20-%20Records%20and%20recordkeeping%20Practices%20-%20Submission%20-%2037%20Setting%20the%20Record%20Straight%20For%20the%20Rights%20of%20the%20Child%202.pdf>（最終アクセス：2021 年 6 月 18 日）

Shepherd, Elizabeth. (2017). Chapter 10: Right to Information. In MacNeil, Heather., & Eastwood, Terry. (Eds.), *Currents of archival thinking* (2nd ed., pp. 247–271). Santa Barbara, CA: ABC-CLIO, LLC.

Shepherd, E., Hoyle, V., Lomas, E., et al. (2020). Towards a human-centred participatory approach to child social care recordkeeping. *Archival Science*, 20: 307–325.

Sköld, Johanna., Foberg, Emma., & Hedstr€om, Johanna. (2012). Conflicting or complementing narratives? Interviewees' stories compared to their documentary records in the Swedish Commission to Inquire into Child Abuse and Neglect in Institutions and Foster Homes. *Archives and Manuscripts*, 40(1): 15–28.

Society of American Archivist. (2020). Archives Terminology. Access. *A Glossary of archival and records terminology.*

<http://www2.archivists.org/glossary/terms/a/access> (最終アクセス日：2021 年 6 月 18 日)

Swain, Shurlee., & Musgrove, Nell. (2012). We are the stories we tell about ourselves: Child welfare records and the construction of identity among Australians who, as children, experienced out-of-home 'care'. *Archives and Manuscripts*, 40(1): 4–14.

United Nations High Commissioner for Human Rights. (28 Feb. 2005). Report of the independent expert to update the Set of principles to combat impunity, Updated Sets of principles for the protection and promotion of human rights through action to combat impunity.
<https://documents-dds-ny.un.org/doc/UNDOC/GEN/G05/109/00/PDF/G0510900.pdf?OpenElement> (最終アクセス日：2021 年 6 月 18 日)

United States Department of State. Intercountry Adoption. Adoption Statistics.
<https://travel.state.gov/content/adoptionsabroad/en/about-us/statistics.html> (最終アクセス日：2021 年 6 月 10 日)

University of Minnesota Human Rights Library.
<http://hrlibrary.umn.edu/japanese/Jz17euroco.html> (最終アクセス日：2021 年 5 月 25 日)

Upward, Frank. (1996). Structuring the records continuum part one. Post-custodial principles and properties. *Archives and Manuscripts*, 24(2): 268–285.

Upward, Frank. (1997). Structuring the records continuum part two. Structuration theory and recordkeeping. *Archives and Manuscripts*, 25(1): 10–35.

US Department of State, Bureau of Consular Affairs. Intercountry Adoption, "Adoption Statics."

Valderhaug, Gudmund. (2005). Memory, archives and justice: A Norwegian perspective. *Comma*, 2005(3): 1–7.

Webber, Sarah., Gibbs, Martin., & McCarthy, Gavan. (2015). Help Me Keep My Stuff Safe: Designing a Collaborative Online Repository for Young People in Care. *Proceedings of the Annual Meeting of the Australian Special Interest Group for Computer Human Interaction.* NY, USA: ACM: 1–10.

West Sussex County Council children's services. (2007). File Retention and Destruction Policy.
<http://www2.westsussex.gov.uk/LearningandDevelopment/MPG/L112%20p%20168%20file_retention_policy.pdf> (最終アクセス日：2021 年 6 月 21 日)

Williams, Caroline. (2016). *Managing archives, foundations, principles and practice.* Oxford: Chandos.

World Health Organization (WHO). (2006). Constitution of the World Health Organization.
<http://www.who.int/about/mission/en/> (最終アクセス日：2021 年 6 月 10 日)

World Health Organization. (2018). Mental health: Strengthening our response.
<https://www.who.int/news-room/fact-sheets/detail/mental-health-strengthening-our-response#:~:text=Mental%20health%20is%20a%20state,to%20his%20or%20her%20community.> (最終アクセス日：2021 年 5 月 25 日)

[日本語文献]

阿久津美紀（2009）「武蔵野学院図書・資料室」『国立武蔵野学院九十年誌』：77–81。

阿久津美紀（2017）「オーストラリア王立委員会の性的虐待調査の展開と守られるべき子どもの権利：レコードキーピングが児童虐待の抑止力になるのはなぜなのか」記録管理学会『レコード・マネジメント』72：15–29。

阿久津美紀(2019)「児童相談所と児童養護施設の記録から問う：ケアリーヴァーにとっての記録とは何か」『アーカイブズ学研究』31：17–30。

阿久津美紀（2020）「アーカイブズを訪ねる　オーストラリアにおける社会的養護に関するアーカイブズをめぐる現状：ケアリーヴァーの記録へのアクセスと課題（歴史家とアーキビストの対話・第7回）」『歴史学研究』994：42–46。

新たな社会的養育の在り方に関する検討会（2017）「新しい社会的養育ビジョン」。

アルバックス、モーリス（Halbwachs, Maurice）著、鈴木智之訳（2018）『記憶の社会的枠組み』（ソシオロジー叢書5）青弓社。

安藤正人（1998）『草の根文書館の思想』（岩田書院ブックレット3）岩田書院。

石井記念友愛社『石井十次資料館研究紀要』創刊号（2000.4）〜13号(2012.8)。

伊藤貴啓(2015)「児童記録票の保管に関する調査（その1）」『名古屋芸術大学研究紀要』36：71–92。

犬伏由子監修・田中佑季訳（2013）「韓国「入養特例法」（法律第11007号、2011年8月4日全部改正、2012年8月5日施行）（翻訳）」慶應義塾大学大学院法学研究科内『法学政治学論究』刊行会『法学政治学論究：法律・政治・社会』86(5)：132–104。

一般社団法人命をつなぐゆりかご事務局（作成年不明）『ゆりかごハンドブック SAVE THE BABY』。

岩上二郎（1988）『公文書館への道』共同編集室。

梅原康嗣（2008）「韓国公共記録物管理法の概要について（公文書管理の法制化にむけて）」『アーカイブズ』33：26–37。

NHK NEWS WEB（2021年3月29日）「養子縁組　実親の記録不明に　専門家「一元管理必要か」」。
<https://www3.nhk.or.jp/news/html/20210329/k10012942891000.html?utm_int=news-social_contents_list-items_001>（最終アクセス日：2021年6月10日）

エリクソン、エリク・H.（Erikson, Erik Homburger）著、西平直・中島由恵訳（2011）『アイデンティティとライフサイクル』誠信書房。

欧州評議会（1950）「人権及基本的自由の保護のための条約（ヨーロッパ人権条約）」。
<http://hrlibrary.umn.edu/japanese/Jz17euroco.html>（ミネソタ大学人権図書館）（最終アクセス日：2021年5月25日）

大木悠佑（2016）「専門職としてのアーキビストの役割を考える：テリー・クックの論考をてがかりに」『学習院大学人文科学論集』25：259–281。

大久保真紀（2008）「国内動向　動き出した社会的養護の当事者たち」鉄道弘済会『社会福祉研究』103：115。

大阪府人権協会（2014）『社会的養護の当事者支援ガイドブック』。

小沢一仁（2014）「教育心理学的視点からエリクソンのライフサイクル論及びアイデンティティの概念を検討する」『東京工芸大学工学部紀要』37(2)：97–102。

乙訓稔(2009)「子どもの権利論の系譜と展開：E・ケイとJ・コルチャックを焦点として」『実践女子大学生活科学部紀要』46：61–71。

外務省（2010）「児童の権利委員会第54会期、条約第44条に基づき締約国から提出された報告の審査」。
<http://www.mofa.go.jp/mofaj/gaiko/jido/pdfs/1006_kj03_kenkai.pdf>（最終アクセス日：2021年5月29日）

外務省（2010）「条約第44条に基づき締約国から提出された報告の審査」。
<http://www.mofa.go.jp/mofaj/gaiko/jido/pdfs/1006_kj03_kenkai.pdf>（最終アクセス日：2016年6月26日）

外務省（2020）「児童の権利に関する条約」。
<http://www.mofa.go.jp/mofaj/gaiko/jido/zenbun.html>（最終アクセス日：2021年6月14日）

柿本佳美（2008）「「子どもへの権利」は「子どもの権利」に優越するか：フランスにおける「自分のルーツを知る権利」」大阪大学大学院医学系研究科・医の倫理学教室『医療・生命と倫理・社会』7：86–98。

川崎良孝（2015）『アメリカ図書館協会「倫理綱領」の歴史的展開過程：無視、無関心、苦悩、妥協』京都図書館情報学研究会。

姜恩和（2014）「2012年養子縁組特例法にみる韓国の養子制度の現状と課題：未婚母とその子供の処遇を中心に」『社会福祉学』55(1)：63–75。

姜恩和・森口千晶（2016）「日本と韓国における養子縁組制度の発展と児童福祉：歴史統計を用いた比較制度分析の試み」、Discussion Paper Series A(637). Institute of Economic Research, Hitotsubashi University.

菊田昇（1973）『私には殺せない：赤ちゃん斡旋事件の証言』現代企画室。

菊田昇（1981）『赤ちゃんあげます：母と子の悲劇をなくすために』集英社。

菊田昇（1988）『お母さん、ボクを殺さないで！：菊田医師と赤ちゃん斡旋事件の証言』暁書房。

菊池義昭（2005）「地域社会福祉研究、岡山孤児院研究における史資料の役割：体験的史資料論として」社会事業史学会『社会事業史研究』33：13–21。

北村行遠(1988)「公文書館法の成立と今後の課題(学会の動き)」『立正大学文学部論叢』88：109–113。

清原和之（2019）「オーストラリアにおける先住民の記録の管理と記憶の継承：レコード・コンティニュアム理論が拓く多元的管理の可能性」『アーカイブズ学研究』30：4–35。

草間吉夫(2016)「いつやるの？　今（入所中）でしょう！」才村眞理・大阪ライフストーリー研究会編著『今から学ぼう！　ライフストーリーワーク：施設や里親宅で暮らす子どもたちと行う実践マニュアル』福村出版。

栗原彬（1982）『歴史とアイデンティティ：近代の日本の心理＝歴史研究』新曜社。

ケイ、エレン著、小野寺信・小野寺百合子訳（1979）『児童の世紀』（冨山房百科文庫24）冨山房。

厚生省児童局編（1959）『児童福祉十年の歩み』日本児童問題調査会。

厚生労働省（2005）「市町村児童家庭相談援助指針」第 2 章第 2 節第 4 項（1）「相談・通告時において把握すべき事項」。
<https://www.mhlw.go.jp/bunya/kodomo/dv-soudanjo-sisin-honbun2.html>（最終アクセス日：2021 年 5 月 6 日）

厚生労働省（2007）「児童相談所運営指針」第 1 章第 3 節第 1、2 項。
<http://www.mhlw.go.jp/bunya/kodomo/dv11/01-01.html>（最終アクセス日：2017 年 2 月 10 日）

厚生労働省（2007）「児童相談所運営指針」第 8 章第 3 節。
<http://www.mhlw.go.jp/bunya/kodomo/dv11/01-08.html#03>（最終アクセス日：2017 年 4 月 14 日）

厚生労働省（2011）「社会的養護の施設等について」。
<http://www.mhlw.go.jp/bunya/kodomo/syakaiteki_yougo/01.html>（最終アクセス日：2017 年 4 月 7 日）

厚生労働省（2012）「第 13 回社会保障審議会児童部会社会的養護専門委員会資料、資料 3-1 家庭養護と家庭的養護の用語の整理について」。
<https://www.mhlw.go.jp/stf/shingi/2r985200000202we-att/2r985200000202zj.pdf>（最終アクセス日：2021 年 6 月 5 日）

厚生労働省（2016）「第 9 回児童虐待対応における司法関与及び特別養子縁組制度の利用促進の在り方に関する検討会　資料 3「特別養子縁組に関する調査結果について（平成 28 年 12 月 9 日現在）」」。

厚生労働省（2019）「児童虐待防止対策の状況について」。
<https://www.mhlw.go.jp/content/11907000/000641387.pdf>（最終アクセス日：2021 年 5 月 5 日）

厚生労働省（2020）「令和元年度児童虐待相談対応件数」。
<https://www.mhlw.go.jp/content/000696156.pdf>（最終アクセス日：2021 年 5 月 29 日）

厚生労働省「「家庭的養護」と「家庭養護」の用語の整理について」。
<https://www.mhlw.go.jp/stf/shingi/2r985200000202we-att/2r985200000202zj.pdf>（最終

アクセス日：2016 年 6 月 26 日）

厚生労働省「（参考）普通養子縁組と特別養子縁組のちがい・特別養子縁組の成立件数・参照条文」。
<https://www.mhlw.go.jp/content/11900000/000637049.pdf>（最終アクセス日：2021 年 6 月 10 日）

厚生労働省「社会的養護」。
<http://www.mhlw.go.jp/stf/seisakunitsuite/bunya/kodomo/kodomo_kosodate/syakaiteki_yougo/>（最終アクセス日：2016 年 6 月 26 日）

厚生労働省「社会的養護の現状　平成 29 年 3 月」。
<http://www.mhlw.go.jp/stf/seisakunitsuite/bunya/kodomo/kodomo_kosodate/syakaiteki_yougo/>（最終アクセス日：2017 年 4 月 14 日）

厚生労働省「社会的養護の現状について　平成 26 年 3 月」。
<https://www.mhlw.go.jp/bunya/kodomo/syakaiteki_yougo/dl/yougo_genjou_01.pdf>（最終アクセス日：2017 年 4 月 14 日）

厚生労働省「令和元年度における被措置児童等虐待への各都道府県市等の対応状況について」。
<https://www.mhlw.go.jp/content/000763093.pdf>（最終アクセス日：2021 年 6 月 6 日）

厚生労働省、新たな社会的養育の在り方に関する検討会「新しい社会的養育ビジョン」。
<https://www.mhlw.go.jp/file/04-Houdouhappyou-11905000-Koyoukintoujidoukateikyoku-Kateifukushika/0000173865.pdf>（最終アクセス日：2021 年 6 月 21 日）

厚生労働省子ども家庭局家庭福祉課「社会的養育の推進に向けて　令和 2 年 10 月」。
<https://www.mhlw.go.jp/content/000711002.pdf>（最終アクセス日：2021 年 5 月 2 日）

厚生労働省子ども家庭局家庭福祉課「社会的養育の推進に向けて　令和 3 年 5 月」。
<https://www.mhlw.go.jp/content/000784817.pdf>（最終アクセス日：2021 年 5 月 29 日）

厚生労働省子ども家庭局家庭福祉課「社会的養育の推進に向けて（参考資料）令和 3 年 5 月」。
<http://www.mhlw.go.jp/stf/seisakunitsuite/bunya/kodomo/kodomo_kosodate/syakaiteki_yougo/>（最終アクセス日：2021 年 6 月 18 日）

厚生労働省子ども家庭局長「子発 0330 第 5 号　児童相談所運営指針の改正について」。
<https://www.mhlw.go.jp/file/06-Seisakujouhou-11900000-Koyoukintoujidoukateikyoku/tuuti_5.pdf>（最終アクセス日：2021 年 6 月 15 日）

厚生労働省雇用均等・児童家庭局家庭福祉課仮訳「国連総会採択決議　64/142. 児童の代替的養護に関する指針」。
<https://www.mhlw.go.jp/stf/shingi/2r98520000018h6g-att/2r98520000018hly.pdf>（最終アクセス日：2021 年 6 月 18 日）

厚生労働省雇用均等・児童家庭局長（2012）「雇児発 1130 第 3 号 児童養護施設等の小規模化及び家庭的養護の推進について」。

　　　<https://www.mhlw.go.jp/seisakunitsuite/bunya/kodomo/kodomo_kosodate/syakaiteki_
　　　yougo/dl/working3.pdf>（最終アクセス日：2021 年 5 月 29 日）

厚生労働省雇用均等・児童家庭局長（2013）「雇児発 1227 第 6 号　児童相談所運営指
　　　針の改正について」。

　　　<https://www.mhlw.go.jp/seisakunitsuite/bunya/kodomo/kodomo_kosodate/dv/dl/131227-
　　　6.pdf>（最終アクセス日：2021 年 6 月 10 日）

社会福祉法人国際社会事業団「ルーツ探しに関心のある養子の方へ」。

国立武蔵野学院（2009）『国立武蔵野学院九十年誌』。

国立武蔵野学院「「育ちアルバム」作成の手引きの目的について」。

　　　<http://www.mhlw.go.jp/sisetu/musashino/22/syakai/sodachialbum01-1.html>（最終アク
　　　セス日：2021 年 6 月 21 日）

特定非営利活動法人こどもサポートネットあいち（2014）『平成 25 年度福祉医療機構
　　　助成事業　児童記録票の保管に関する調査Ⅰ（全国児童相談所・都道府県・政令
　　　市・設置市への調査結果）』（発行年未記載のため、アンケート最終回収日より推
　　　測、ページ番号なし）。

裁判所「特別養子縁組成立の申立書」。

才村眞理・大阪ライフストーリー研究会編著（2016）『今から学ぼう！　ライフストー
　　　リーワーク：施設や里親宅で暮らす子どもたちと行う実践マニュアル』福村出版。

櫻井奈津子編著（2010）『養護原理（第 4 版）』青鞜社。

佐藤潤一（2006）「自己情報開示請求権の一考察」『大阪産業大学論集：人文科学編』
　　　118：1–23。

澤田美喜（1953）『混血児の母：エリザベス・サンダース・ホーム』毎日新聞社。

澤田美喜（1980）『母と子の絆：エリザベス・サンダース・ホームの三十年』PHP 研究所。

澤田美喜（2001）『澤田美喜　黒い肌と白い心：サンダース・ホームへの道』（人間の
　　　記録 134）日本図書センター。

参議院（2016）「児童福祉法等の一部を改正する法律案　議案要旨」。

　　　<https://www.sangiin.go.jp/japanese/joho1/kousei/gian/190/pdf/53190550.pdf>（最終アク
　　　セス日：2021 年 6 月 5 日）

ジーナ、チャールズ・H.（2016）『乳幼児の養育にはなぜアタッチメントが重要なのか：
　　　アタッチメント（愛着）障害とその支援（報告書）』日本財団。

シェパード、エリザベス；ジェフリー・ヨー著、森本祥子ほか編訳（2016）『レコード・
　　　マネジメント・ハンドブック：記録管理・アーカイブズ管理のための』日外アソ
　　　シエーツ。

志田民吉（2012）「オーストラリア・NSW 州の児童福祉法改正の動向」東北福祉大学
　　　大学院総合福祉学研究科『東北福祉大学大学院研究論文集総合福祉学研究』9：
　　　53–65。

特定非営利活動法人児童虐待防止全国ネットワーク「児童虐待防止制度」。

<http://www.orangeribbon.jp/about/child/institution.php>（最終アクセス日：2021 年 5 月 29 日）

児童自立支援施設国立武蔵野学院（2016）「国立武蔵野学院文書管理規程」（平成 28 年 12 月現在）。

社会事業史学会・史資料問題特別委員会報告（2005）「社会福祉史研究における「史資料問題」の現状と課題」社会事業史学会『社会事業史研究』33：1–11。

淑徳大学アーカイブズ『淑徳大学アーカイブズ・ニュース』、第 1 号（2010.5）、第 15 号（2017.6）。

新村出編（2008）『広辞苑（第六版）』岩波書店。

医療法人聖粒会慈恵病院「SOS 赤ちゃんとお母さんの妊娠相談　こうのとりのゆりかごとは」。

<http://ninshin-sos.jp/yurikago_top/>（最終アクセス日：2021 年 6 月 10 日）

全国歴史資料保存利用機関連絡協議会広報・広聴委員会編（1993）『記録と史料』4。

全国歴史資料保存利用機関連絡協議会広報・広聴委員会（1993）「アーキビスト養成制度の実現に向けて：全史料協専門職問題特別委員会報告書」『記録と史料』4：113。

第 1 回養子縁組の真実の日国際会議準備委員会（2020）「養子縁組の正当性：記録とアイデンティティの課題（Adoption Justice: Issue of Records and Identity）」。
<https://www.researchgate.net/profile/Alice-Diver/publication/344189872_The_1st_Adoption_Truths_Day_Conference_Proceedings_KOR_ENG/links/5f59fdab92851c078958790b/The-1st-Adoption-Truths-Day-Conference-Proceedings-KOR-ENG.pdf>（最終アクセス日：2021 年 6 月 11 日）

第二東京弁護士会情報公開・個人情報保護委員会編（2021）『令和 2 年改正　個人情報保護法の実務対応：Q&A と事例』新日本法規出版。

高橋民紗・家子直幸（2016）「代替的養護の形態（里親・施設等）による子どもの中長期的アウトカムへの影響：システマティックレビューによる分析から考える」（日本子ども虐待防止学会第 22 回学術大会おおさか大会ポスター発表配布資料より）。

田中佑季（2013）「韓国における養子法と家族観：入養特例法を中心に」慶應義塾大学大学院法学研究科内『法学政治学論究』刊行会『法学政治学論究：法律・政治・社会』99：1–33。

田中佑季（2014）「韓国における親養子制度の意義と養子法の改正：家族観との関わりを中心に」慶應義塾大学大学院法学研究科内『法学政治学論究』刊行会『法学政治学論究：法律・政治・社会』101：1–36。

田家英二（2011）「社会的養護の意味」『鶴見大学紀要　第 3 部：保育・歯科衛生編』48：70–75。

堤圭史郎（2008）「第 4 章　「ネットカフェ生活者」の析出に関する生育家族からの考

察」釜ヶ崎支援機構・大阪市立大学大学院創造都市研究科編『「若年不安定就労・不安定住居者聞取り調査」報告書：「若年ホームレス生活者」への支援の模索』。

東京都福祉保健局東京都心身障害者福祉センター「愛の手帳について」。

<http://www.fukushihoken.metro.tokyo.jp/shinsho/a_techou/ainotechounituite.html>（最終アクセス日：2019年8月25日）

徳永祥子（2011）「非行臨床におけるライフストーリーワークの実践について」日本子ども虐待防止学会『子どもの虐待とネグレクト』13(1)：47–54。

徳永祥子（2015）『ライフストーリーワーク論：社会的養護における新たな支援の実践展開と成立要件をめぐって』（2015年京都府立大学大学院博士学位論文）。

徳永祥子（2016）「社会的養護の記録は当事者が利用できてこそ価値がある」POC・市民の力『生活と家族の記録を考える』：26–27。

豊田建（2004）「日本における個人情報保護法制定の歴史的背景：国民の意識と社会的背景」『医療情報学』24(5)：483–492。

豊見山和美（2003）「専門職員論：公文書館専門職員の専門性とは何か」、国立公文書館『アーカイブズ』12：3–15。

トリンダー、リズ；フィースト、ジュリア；ハウ、ディビッド著、白井千晶監訳（2019）『養子縁組の再会と交流のハンドブック：イギリスの実践から』生活書院。

長瀬正子（2005）「児童養護施設における子どもの権利擁護に関する一考察：「子どもの権利ノート」の全国的実態とテキスト分析を中心に」『社会福祉学』46(2)：42–51。

長瀬正子（2016）「全国の児童養護施設における「子どもの権利ノート」の現在：改訂および改定の動向に焦点をあてて」佛教大学『社会福祉学部論集』12：73–92。

長瀬正子・大八木真帆（2017）「社会的養護当事者の語り23」全国社会福祉協議会『月刊福祉』100(3)：86–89。

中村正（2012）「（社会臨床の視界9）ケア・リーバー Care Leaver たち：「忘れられたオーストラリア人」への謝罪から考える」対人援助学会『対人援助学マガジン』9：14–25。

中村みどり（2010）「いまだかつてない「わたし」の語り（当事者の語り）」『子どもと福祉』編集委員会編『子どもと福祉』3：59–62（明石書店）。

中村みどり（2016）「私のライフストーリーを紡ぐ」才村眞理・大阪ライフストーリー研究会編著（2016）『今から学ぼう！ ライフストーリーワーク：施設や里親宅で暮らす子どもたちと行う実践マニュアル』福村出版。

楢原真也（2010）「児童養護施設におけるライフストーリーワーク：子どもの歴史を繋ぎ、自己物語を紡いでいくための援助技法」『大正大学大学院研究論集』34：258–248。

二井仁美（2001）「児童自立支援施設が所蔵する記録史料の保存」全国児童自立支援施設協議会『非行問題』207：102–112。

日本アーカイブズ学会（2012）「「日本アーカイブズ学会登録アーキビスト」資格認定制度創設の経緯について」（2012 年 11 月 26 日）：3。
　　<http://www.jsas.info/?p=677>（最終アクセス日：2021 年 6 月 18 日）

日本学術会議第 5 常置委員会（1988）「第 5 常置委員会報告：公文書館専門職員養成体制の整備について」。

日本財団（2017）「養子縁組の記録とアクセス支援に関する報告書」。
　　<https://happy-yurikago.net/wpcore/wp-content/uploads/2017/06/merged-1.compressed.pdf>（最終アクセス日：2021 年 6 月 12 日）

日本財団ハッピーゆりかごプロジェクト（2016）「韓国の未婚母支援、養子縁組を学ぶ旅　その 2：ベビーボックスと養子縁組機関でインタビュー」。
　　<https://happy-yurikago.net/2016/01/2570/>（最終アクセス日：2021 年 6 月 10 日）

日本図書館情報学会用語辞典編集委員会編（2013）「倫理綱領」『図書館情報学用語辞典（第 4 版）』丸善出版。

日本ユニセフ協会「子どもの権利条約　締約国」。
　　<http://www.unicef.or.jp/about_unicef/about_rig_list.html>（最終アクセス日：2021 年 6 月 20 日）

林浩康研究代表（2016）『国内外における養子縁組の現状と子どものウエルビーイングを考慮したその実践手続きのあり方に関する研究：平成 27 年度総括・分担研究報告書：厚生労働科学研究費補助金（政策科学研究事業）総合研究報告書（平成 26/27 年度）』日本女子大学社会福祉学科。

日向ぼっこ
　　（最終アクセス日：2017 年 6 月 17 日）

Human Rights Watch（ヒューマン・ライツ・ウォッチ）編（2014）『夢がもてない：日本における社会的養護下の子どもたち』Human Rights Watch。

平野泉（2012）「廃棄すべきか、残すべきか：オーストラリア「ハイナー事件」に学ぶ」、『GCAS Report：学習院大学大学院人文科学研究科アーカイブズ学専攻研究年報』1：44–54。

認定 NPO 法人ブリッジフォースマイル調査チーム（2013）「全国児童養護施設調査 2012：施設運営に関する調査」。

ヘイズ、ピーター；土生としえ著、津崎哲夫雄監訳、土生としえ訳（2011）『日本の養子縁組：社会的養護の位置づけと展望』明石書店。

細井勇（2000）「石井十次資料館資料調査の経過報告」石井記念友愛社（菊池義昭編）『石井十次資料館研究紀要』創刊号：113–115。

堀章一郎編（2011）『岡山県ベビー救済協会 20 年の歩み』岡山ベビー救済会。

マケミッシュ、スー著、坂口貴弘・古賀崇訳（2006）「きのう、きょう、あす：責任のコンティニュアム」アーカイブズ学会・記録管理学会『入門　アーカイブズの世界：記憶と記録を未来に（翻訳論文集）』日外アソシエーツ。

マケミッシュ、スー著、坂口貴弘・古賀崇訳（2006）「レコードキーピングのこれから：きのう、きょう、あす：責任のコンティニュアム」記録管理学会・日本アーカイブズ学会編『入門　アーカイブズの世界：記憶と記録を未来に（翻訳論文集）』日外アソシエーツ。

マケミッシュ、スー著、安藤正人訳（2019）「Chapter 1 痕跡：ドキュメント、レコード、アーカイブ、アーカイブズ」スー・マケミッシュ、マイケル・ピゴット、バーバラ・リード、フランク・アップワード編『アーカイブズ論：記録のちからと現代社会』明石書店。

松原康雄（2008）「社会的養護の今日的課題と新しい座標軸」鉄道弘済会社会福祉部『社会福祉研究』103：21–28。

山本智佳央（2011）「施設で暮らす子どもたちの『生い立ちを知る権利』を支援する：真実告知とライフストーリーワークの試み」日本子ども家庭福祉学会『子ども家庭福祉学』11：55–63。

山本智佳央・楢原真也・徳永祥子・平田修三編著（2015）『ライフストーリーワーク入門：社会的養護への導入・展開がわかる実践ガイド』明石書店。

ユニセフ「子どもの権利条約」。
<http://www.unicef.or.jp/about_unicef/about_rig_all.html>（最終アクセス日：2021 年 6 月 14 日）

ユニセフ・日本ユニセフ協会（2010）『世界子供白書：特別版 2010（「子どもの権利条約」採択 20 周年記念）（日本語版）』日本ユニセフ協会。

米川覚・中村修（2015）「滝野川学園」学校・施設アーカイブズ研究会編著『学校・施設アーカイブズ入門』大空社。

渡辺佳子（1998）「文書館における個人情報の取り扱いを考える」全国歴史資料保存利用機関連絡協議会『記録と史料』9：14–30。

あ と が き
本書が目指したもの

　本書は、アーカイブズ学という分野の専門書を目指しながらも、社会的養護に関心のある方、研究者ではない一般の方にぜひ、本書で取り上げた社会的養護と記録の問題を知っていただければという思いで刊行にいたりました。著者である私が、社会的養護に関心をいだき、社会的養護の存在を知ったのは、小学生の頃にまで遡ります。当時、私の住んでいた学区には、児童養護施設がありました。そのため、通っていた小学校のクラスには児童養護施設から4、5人の子どもたちが通学していました。子どもたちの中には、毎週父親が会いにくる子、施設に入ってから、全く家族の面会のない子、10人の兄弟全てが施設に入って生活している子どもなど、様々な家族環境の子どもたちがいました。同じ施設で生活しているのに、兄弟、姉妹で別々の部屋で生活し、互いに何もしらないということもありました。児童養護施設の特性上、家族の引き取りがあれば、子どもは施設から家庭に戻るケースもあり、そのため、学校からの転入や転校が多く、入所している子どもの状況を知らなかった当時の私は、児童養護施設がどういった施設か分からず、疑問を抱いていました。

　大学院の博士前期課程に進学してから、研究のために児童養護施設エリザベス・サンダース・ホームに足を運ぶようになりました。そこで、卒業生であるOB・OG会の方々とお話しするようになり、児童虐待だけでなく、様々な理由で家庭から離れ、児童養護施設で生活している人達がいることを知りました。そして、どんな時も家族のように支え合っているOB・OG会の人達を見ると、血縁だけではない家族の在り方を考えるきっかけにもなりました。OBの中には、自分が児童養護施設にいた時の記録が保管されていたと

しても「今、見る必要がない」と仰る方もいます。ただ、その方は、「いつか記録を見たくなる時が来るかもしれない」とも話していました。私たちが、いつでも自分の小さい頃のアルバムや記録を見ることができるように、その選択肢が社会的養護で育った子どもたちにも当たり前のこととして、その人の人生が終えるまで、記録へのアクセスを保障できる体制が実現できることが求められます。

　アーカイブやアーカイブズ、デジタルアーカイブなどの用語が日本でも聞かれるようになり、近年でも財務省記録の改竄や廃棄など、記録管理の重要性を社会が認識するケースが大きく報道されるようになってきました。こうした社会全体を支える記録ももちろん重要ですが、社会的養護で養育された一人一人の子どもの記録の管理についても、各施設などに任せず、国や自治体が積極的に方針を打ち出していく必要があると考えています。

　本書は、2018年に学習院大学大学院人文科学研究科アーカイブズ学専攻博士後期課程に提出した博士論文と、日本学術振興会科学研究費助成（若手研究）の「子どもの権利を保障する記録管理体制の確立とアクセス支援（19K14179）」の研究成果です。

　学習院大学大学院人文科学研究科アーカイブズ学専攻に在学中、ご指導いただきました、安藤正人先生、保坂裕興先生、下重直樹先生、武内房司先生をはじめとする先生方には大変お世話になりました。特に安藤先生には、国内、海外の様々な資料調査に参加させていただく機会を与えてくださいまして、心より感謝申し上げます。在学中、そして在学後も、様々な調査でまさに「同じ釜の飯を食う」仲間として、いつも忌憚のない意見をくれる研究仲間に出会えたことは、本当に有り難いことだと思っています。また、東京学芸大学教育学部環境教育課程文化財科学専攻在学中に指導教官としていつも叱咤激励してくださった大石学先生は、大学を卒業し、就職した後、再び研究の世界に戻るきっかけをくださいました。

　当初の研究では、社会的養護の中でもとりわけ児童養護施設だけに関心を

寄せていましたが、北海道教育大学旭川校の二井仁美先生との出会いにより、児童自立支援施設の奥深さを知ることができました。児童養護施設北海道家庭学校の中で生活をしながら、入所児童に関する資料整理を行ったことは、資料の分析だけでなく、資料の対象者である子どもがどんな人生を歩んで、施設にたどり着いたのか、その道筋を理解するための貴重な経験でした。

　この研究を通して、様々な社会的養護の関係施設にお世話になりました。特に、施設で育った当事者の率直な声を聞かせてくださるエリザベス・サンダース・ホームのOB・OG会の皆さんには、本当に感謝しております。

　そして、本書を出版するにあたり、様々な点でご助言、ご支援くださった大空社出版の鈴木信男様、西田和子様、山田健一様、また、装丁の画を突然の申し出にもかかわらず快くお引き受けくださった佐藤仁美先生、皆様のご協力なしには完成しませんでした。本当にありがとうございました。

著　者

索引

1 項目は序章から終章の本文・注・図表より、主要用語、
   固有名詞（言及した文献著者を含む）を採録した。
2 指示ページの (n) は、記載のある注番号を示す。
3 和文に並記された欧文を小字で付した。
4 末尾に、略称を主として欧文索引を付した。

（著者）阿久津美紀　あくつ・みき

栃木県宇都宮市生まれ。東京学芸大学教育学部環境教育課程文化財科学専攻卒業。学習院大学大学院人文科学研究科アーカイブズ学専攻博士前期課程修了後、同博士後期課程単位修得退学。博士（アーカイブズ学）。日本学術振興会特別研究員を経て、2018年、目白大学人間学部児童教育学科助教、現在に至る。
［専門研究分野］アーカイブズ学、記録管理、資料保存、社会的養護など。

私の記録、家族の記憶
ケアリーヴァーと社会的養護のこれから

発行　2021年8月12日

著者　阿久津 美紀 ©2021 AKUTSU Miki

発行者　鈴木信男
発行所　大空社出版
www.ozorasha.co.jp
東京都北区中十条4–3–2（〒114–0032）
電話 03–5963–4451

（カバー・本扉 画）佐藤仁美
（カバー・本扉 デザイン）篠塚明夫
（印刷）株式会社栄光
（製本）東和製本株式会社

Printed in Japan
ISBN978-4-908926-20-4 C3036

定価 2,970円
（本体2,700円＋税10％）